이준태의 삶,
민족해방의 길

김희곤 지음

국학자료원

이준태의 삶,
민족해방의 길

2003년 가을에 '잊혀진 사회주의운동가 이준태'라는 이름을 붙여 일대기
와 자료를 묶어 발간한 일이 있다. 그 책을 내면서 썼던 머리말에서 "굳이 '잊
혀진 사람'이란 표현을 써 가며 찾으려는 인물은 그만한 사연을 가진 사람이
기 때문이다. 그저 밋밋하게 살다간 인물이 아니라 마치 폭발하는 화약처럼
짧은 순간에 작렬하듯 살다갔으면서도, 우리의 뇌리 속에 흔적도 없이 사라
져버린 한 사람이 있다."라고 표현하였다.

어느 시대이든지 나름대로 과제를 갖고 있기 마련이다. 그 과제를 풀어나
가기 위해 지성들이 매달린다. 하지만 사람마다 가진 시각이 다르고 목적이
달라서 충돌을 빚는 일이 허다하다. 나라가 무너질 때는 이를 버텨내는 것이
역사적 과제였고, 나라를 잃었을 때는 이를 되살려 세우는 것이야말로 최고
의 숙제였다. 그렇지만 나라를 빼앗기던 그 순간에도 오로지 자신에게 득이
되고 손해가 되는 것만 헤아려서 나라와 겨레는 눈밖에 둔 세력이 너무 많았
다. 더구나 그것도 보통사람이 아니라 지도자인양 행세하는 사람이 그러했다.

나라를 되찾은 뒤에도 그런 현상은 마찬가지였다. 광복 이후 분단과 민주주의의 뿌리 내리기 등 시대적인 과제를 안고 출범한 이승만정부는 오히려 친일파를 바탕으로 삼으면서 분단의 고착화와 반민주적인 권력독점을 향해 질주하였다. 집권을 위해서라면 민족의 양심은 한 순간에 쓰레기 더미에 던지는 세력이었다. 그러니 무엇이 정의인지 불의인지 가늠할 수 없는 시대가 이어진 것이다.

이승만정권은 민주화를 요구하는 사람들을 빨갱이로 몰아쳤다. 남북분단은 이념의 차이를 인정하고 공존할 수 있는 공간을 한 치도 존재할 수 없도록 만들어 버렸고, 이승만정권은 이를 철저하게 이용하였다. 자기와 다른 색깔과 목소리를 가지면 모두 빨갱이로 몰아쳤던 것이다. 그들이 말한 '빨갱이'는 폭도 넓고 일부러 갖다 붙이는 경우도 많았다. 차라리 적용되지 않은 곳이 없었다고 말하는 편이 맞을 것이다. 더구나 전쟁은 이를 쇠처럼 단단하게 국민들의 의식 속에 뿌리를 내렸다. 처절하게 항일투쟁을 펼친 인물조차도

'빨갱이'라는 낙인을 찍어 공격해대니, 일제 침략과 통치에 맞섰던 사실 자체가 희미하게 사라져 버렸다. 권력이 여러 차례 바뀌어도 한번 잊혀버린 인물들은 다시 떠오르지 못했다. 역사의 복원도, 재평가도 이루어질 수 없는 일로 변해갔다.

이제 다시금 그러한 인물을 되찾아 보려는 이유는 그 시대의 과제가 무엇이며, 그것을 해결하려 들었던 인물들의 노력이 가지는 의미를 재평가하려는데 있다. 한 쪽만의 목소리와 색깔로 나머지를 깨부숴 버린 탓에 이루지 못한, 더불어 사는 세상을 되새겨보면서 핍박당했던 한 쪽의 가치와 의미를 다시 평가하고 우리 역사의 테두리를 넓혀보려는 것이 '그'를 찾아가는 이유이다. 빼앗긴 나라를 되찾기 위해 고뇌하고 몸부림 친 '민족지성', 그 가운데 한 사람으로 평가해도 조금도 모자라지 않는 안동출신 이준태李準泰를, 그래서 찾아나서는 것이다.

11년 전에 출판했던 책을 기본으로 삼고 평전 부분만 다시 보완하고 손질

하여 일반 대중들이 읽기 쉽도록 고쳐 펴낸다. 이번에 자료를 다시 정리해준 최미정(예천군 학예사)과 편집과 교정을 맡아준 한준호·신진희(경상북도독립운동기념관 학예연구원)의 도움이 있었음을 말해둔다.

2015년 2월
김희곤

:: 목차

이준태의 삶,
민족해방의 길

1. 이준태의 고향, 안동 풍산의 우렁골 싱구실

'우렁골 싱구실'!

그가 태어난 마을 이름인데, 참 낯설고도 감칠맛이 난다. 더러는 우렁골이라거나 심구실·신구실이라고도 부른다. 그가 태어나고 살던 집은 안동시 풍산읍豐山邑 상리리上里里 364번지, 새로운 주소로는 풍산태사로 1191-5이다. 옛날에는 풍현내면豐縣內面 상리에 속했다.

풍산읍내에서 동쪽으로 1km 남짓 떨어진 싱구실, 이곳으로 가자면 중앙고속도로 서안동 나들목을 나서서 서쪽 풍산읍으로 향하면 된다. 2km 지점에 안동교도소 입구를 지나쳐 1.5km 더 가서 풍산읍내로 들어가는 출구를 나선 뒤, 700m 정도 가면 왼쪽으로 작은 하천을 건너는 다리가 있다. 이를 건너 400m를 곧장 들어가면 초롱초롱어린이집이 있고,

항일 애국지사
일봉 이준태 상
(1892.12.29 ~ ?)

이준태 흉상

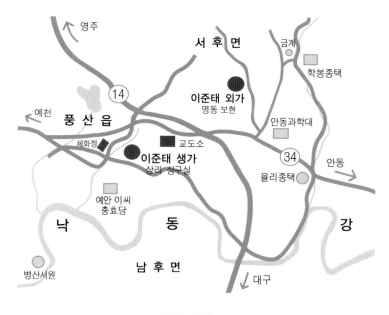

영주

서 후 면

금계

학봉종택

(14)

이준태 외가
명동 보현

예천

풍 산 읍

안동과학대

체화정

교도소

(34)

안동

이준태 생가
상리 싱구실

예안 이씨
충효당

율리종택

낙

동

강

남 후 면

병산서원

대구

풍산 우렁골

이를 안고 돌아 골목길을 50m 들어가면 바로 이준태의 생가를 만나게
된다. 산자락 아래 겨우 몇몇 집이 남아 있는 이곳이 곧 싱구실이다.

우렁골은 크게 골마·우렁골·싱구실로 나뉜다. 골마는 우렁골을 지
나 산쪽으로 들어서 있고, 싱구실은 우렁골로 들어가지 않고 국도에서
들어오던 길을 곧장 더 올라간 곳에 있다. 그러니 우렁골은 전체를 가리
키는 말이기도 하고, 본 마을이자 상리의 중심을 일컫는 것이기도 하다.
이에 비하여 싱구실은 우렁골 마을의 북쪽에 치우쳐 있다.

'싱구실'은 "소나무를 심은 곳"이라는 말이 전해진다. 소나무가 심겨진 마을이란 의미가 경상도 방언으로 '심궈진 마을', '심구실'로 전화된 것이 곧 싱구실의 어원이란 이야기다. '종송種松'이라고도 불렸다는 이야기가 전해지므로, 이런 풀이가 그럴 듯해 보인다. 그렇다면 본래 이곳에 나무가 없었으나, 어느 때 누군가에 의해 소나무가 심어지면서 싱구실이라 불려진 것 같다.

풍산읍 상리 우렁골은 전의·예안 이씨들이 모여 사는 동성마을이다. 전의 이씨가 내려오다가 예안 이씨가 분파되었는데, 이 마을 주민들은 소수의 전의 이씨와 다수의 예안 이씨로 구성되어 있다. 우렁골 예안 이씨는 크게 세 개의 파로 형성되어 있다. 백파·중파·계파(막내 집)가 그것인데, 싱구실에는 대개 계파 계열이 살지만, 이준태만이 중파 출신이다.

그의 생가는 퇴락하기 그지없었다. 아래채는 간 곳이 없고, 기울고 허물어진 본채만 겨우 간직해왔다. 방 두 칸 사이에 마루를 둔 전형적인 3칸 기와집이며 동쪽 뒷 모퉁이에 조그만 툇마루를 두었다. 중소 양반지주의 전형적인 집이라는 사실을 짐작할만하다. 최근 후손은 이 집의 기둥을 살리면서 새롭게 되살려냈다. 그러면서 조부 이준태의 흉상을 만들고 함께 활약했던 인물들의 자취를 새긴 작은 기념표석들을 만들어 옹기종기 벌려놓았다.

이준태 생가(과거와 현재)

이준태와 함께 활약했던 예안 이씨 독립운동가 15분을 기리는 표지석

2. 양반가문에서 태어나다

이준태는 1892년 12월 29일에 예안 이씨인 이수학李洙學과 어머니 안동 권씨 사이에서 외아들로 태어났다. 전의全義 이씨 10세에 해당하는 이익李翊(1300년대 보문각 제학)이 예안禮安(선성宣城) 이씨의 시조가 된다. 이준태는 전의 이씨 31세이며, 예안 이씨 22세이다.

그의 집안은 양반 유림으로서의 전통을 고스란히 전해 왔다. 14대조 이홍인李洪仁이 임진왜란 때 의병장이 되어 안동 구담전투九潭戰鬪에서 공을 세우고 순국하였다. 구담은 이곳에서 멀지않은 풍천면 구담을 말한다. 5대조 이경유李敬裕는 통훈대부通訓大夫 행사헌부지평行司憲府持平을 지냈다. 따라서 그의 문중이 양반으로 행세하고 지냈을 것이라 짐작할 수 있다.

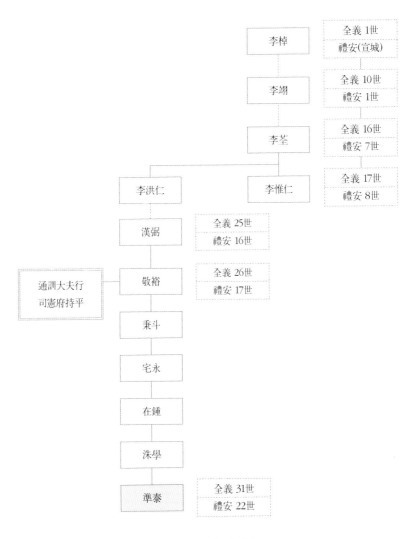

예안 이씨 사직공파 세계도

안동지역에서 그의 집안을 양반 가문이라 평가하는 데 별로 무리가 없을 것이다. 신원카드에 그의 신분이 '상민'이라 적혀 있지만, 그가 종로경찰서에서 신문을 받는 과정에서 자신의 신분을 '양반'이라고 밝혔다.[1] 이 사실은 그 자신이 사회주의운동을 펼치는 날에도 그 뿌리가 양반이었음을 인식하고 살았다는 점을 보여 준다. 그렇다고 해서 그를 봉건적이라거나 전근대적이라고 단정할 필요는 없다. 안동의 명문 종가에 아랫사람을 두고 있었던 때가 1970년대까지라는 사실을 헤아린다면, 그가 살던 시기 안동사회는 신분체제가 아직도 엄격하게 유지되었을 것이라는 사실쯤은 쉽게 헤아릴 수 있기 때문이다.

그는 아주 어릴 때 아버지를 여의는 불행을 당했다. 만 세 살이던 1895년에 부친이 세상을 떠나는 바람에, 할아버지 이재종李在鍾(1840~1910)의 가르침 속에 자라났다. 그런데 그 할아버지도 그가 만 18세 되던 1910년에, 그리고 다시 3년 뒤에 할머니가 잇따라 세상을 떠났다. 그 바람에 일찍 홀로 된 그의 어머니는 하나뿐인 아들을 키우는 데 온 정성을 다 기울였다.

어머니의 친정, 곧 이준태의 외갓집은 안동시 서후면 이개리 보현甫峴에 터 잡은 안동 권씨 복야공파僕射公派 판서공계判書公系에 속하여 안

---

1) 「피의자 신문조서」, 종로경찰서, 1926년 7월 27일.

동지역에서 잘 알려진 양반 집안 출신이다.[2] 보현은 현재 이개耳開(귀여리) 2리에 속한다. 우렁골에서 직선으로 6km 조금 못미치는 거리에 있는 마을이다. 그런데 그의 아내도 같은 집안에서 오게 됨에 따라 이준태로서는 외가와 처가가 같은 셈이 되었다. 이렇게 될 경우 처가의 동네 이름을 따서 택호를 부르는 경우, 이준태의 어머니와 아내가 같은 마을 출신이라 택호도 같게 되는 문제가 생긴다. 이준태를 '연동어른'이라 부르게 된 것도 동일한 그의 아버지의 택호였으리라 짐작되는 '보현어른'을 피하기 위해 나온 것 같다. 보현을 보연甫淵이라고도 불렀다고 하니, 특히 그럴 법하다.

이준태가 결혼한 시기는 정확하게 전해지지 않는다. 맏아들 이춘직李春稙(완이完伊)이 1911년 정월에 태어난 점으로 보아 늦어도 1910년 이전에는 결혼한 것으로 짐작할 수 있다. 할아버지가 1910년에 세상을 떠났으니, 일단 승중상承重喪(아버지를 먼저 잃고 나중에 조부상을 당하여 치르는 상례)을 입은 처지에서는 그가 결혼할 수 없었을 것이다. 따라서 그가 결혼한 시기는 조부가 사망한 때보다는 앞서는 것으로 보아야 옳다. 만 3세에 아버지를 여읜 상태에다가 만 18세에 조부마저 세상을 떠

---

2) 甫峴의 안동 권씨들은 복야공파 판서공계에 속하는 양반 집안인데, 1896년 안동 전기의병에 이곳 출신 權濟寧이 서기로서 활약하였다.

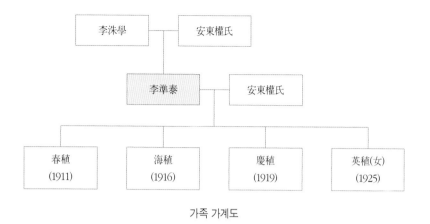

가족 가계도

낳다. 그런 정황에서 그의 혼인은 마땅히 서둘러야 했을 것이다. 정리하
자면, 16·7세 되던 1908년이나 1909년 무렵 혼인하고, 할아버지가 돌아
가시기 바로 전에 맏아들을 얻었다는 말이 된다.

그는 3남 1녀를 두었다. 1926년에 작성된 그의 「피의자 신문조서」에
는 가족으로 어머니와 처, 그리고 4명의 자식이 있다고 밝혔다.[3] 앞에서
말한 것처럼, 맏아들 이춘직은 1911년 정월생이다. 이 무렵은 그가 금곡
측량학교를 다니던 시기였다. 둘째 이해직李海稙(1916년생)과 셋째 이경
직李慶稙(1919년생)은 그가 사회운동가가 되기 이전, 즉 측량기사로 활동

---

3) 「피의자 신문조서」, 종로경찰서, 1926년 7월 27일.

準泰 準學의 子
見中二一頁
字운一峙 辛卯(一八九一) 十二月三十日生
庚寅(一九五〇) 八月十五日卒
配慶州鄭氏 父重卒 ○ 下枝山上墓
配安東權氏 父 ○基
卒七○墓水洞山成 坐合窆

子春稙 辛亥(一九一一) 一月三日生
配安東權氏 父
配慶州鄭氏 父自窓

子海稙 丙辰(一九一六) 生

子慶稙 己未(一九一九) 生
配羽溪李氏 父湖載

子憲鵬 甲申(一九四四) 二月
配東權氏 父斗錫 義城人 父金道渡

子憲道 辛巳(一九一一) 一月

子憲坪 丁亥(一九四七) 生

子憲武 庚辰(一九四〇) 生

女金徹和

子憲龜 壬午(一九四二) 十月二十八日生
配同福吳氏 父鐘喜 祖仲甫 子文照晳

女憲三 己亥(一九四六) 十月二日生
配漢陽趙氏 父甲容 祖秉穆 南平人

子成嚴 甲寅(一九七四) 六月二十一日生

子成範 丙辰(一九七六) 七月二十五日生
安愿珠

女智英 癸丑(一九七三) 五月十七日生

女教英 庚戌(一九七〇) 七月九日生
子文照晳

準穆 會極의 子
見中二二頁
甲辰(一九一二) 生
配義城金氏 父玄柱 會極의 二子

子南稙 丙辰(一九〇四) 生 甲戌(一九三四) 卒

女高在璇 開城人 父斗燮 子高台鉉

子憲暎 辛亥(一九七一) 三月四日生

女文君植 南平人

女周暎 丙辰(一九七六) 生

子憲京 戊午(一九七八) 一月二五日生

準敬
見中二二頁
己酉(一九〇九) 生 戊申(一九一一) 六月七日卒

子太稙 乙未(一九五一) 八月九日生

子釜稙 丙戌(一九四六) 生 配金海金氏

配豊山柳氏 己卯(一九六八) 配光山金氏

全義 禮安 李氏族譜 第十一卷 副司直公派 下編

전의·예안 이씨 족보

하던 시기에 둔 아들이고, 막내 이영직李英稙(1925년생)은 안동에서 노농운동을 전개하던 시기에 둔 딸이다.[4]

결국 맏아들을 둘 때 경제적으로 가장 어려운 시기였고, 둘째와 셋째를 둘 무렵에 형편이 좋아졌으며, 다시 서울을 중심으로 사회운동을 펴다가 안동에 돌아와 풍산소작인회를 근간으로 활동하던 무렵에 막내로 딸을 두게 된 것으로 정리된다.

그가 쓴 호號는 세 가지로 알려진다. 학암鶴巖·일강一岡·일봉一烽 등이 그것이다. 그리고 권혁權赫·권철權哲이라는 별도의 이름도 사용했던 것으로 알려지고 있다. 이 가운데 '학암'이라는 호는 1920년에 ≪동아일보≫에 기고했을 때 사용된 필명인데, 고향마을에서 정확하게 북쪽 방향으로 직선 8km 떨어진 산이자, 안동에서 가장 높은 산인 학가산鶴駕山(882m)과 연관된 것이라 짐작된다. 학가산과 연관된 그의 호는 같은 안동출신 사회주의운동가이자, 그와 함께 막역한 동지로 활약했던 김남수金南洙가 학산鶴山이란 호를 사용한 사실과도 관련이 있어 보인다. 함께 활동하면서 형제와 같은 관계가 만들어지고, 그러한 점이 호를 사용하는데도 영향을 준 것이라 짐작하는 것이 무리가 아닌 것 같다.

한편 일강一岡은 1921년에 역시 ≪조선일보≫에 기고한 글에 사용된

---

4) 「제적등본」 참조.

≪동아일보≫
1920년 7월 17일자 '학암'

≪조선일보≫
1921년 6월 8일자 '일강'

필명이다. 이에 비해 일봉—烽이라는 호나 권혁權赫이라는 이름은 서대문형무소에서 작성된 「신원카드」에 기록된 것인데, 그렇다면 이런 이름들이 1920년대 중반에 본격적으로 사회운동을 펼쳐나가는 단계에서 사용된 것이 아닌가 여겨진다.[5] '일강'이나 '일봉'이라는 호를 보면, 우뚝한 한 개 봉우리나 봉홧불을 뜻하는 것이어서, 올곧은 품성과 강렬한 투쟁의식을 느끼게 만든다. 그리고 '학암', 즉 '학바위'라는 단어에서 과묵한

---

5) 「신원카드」.

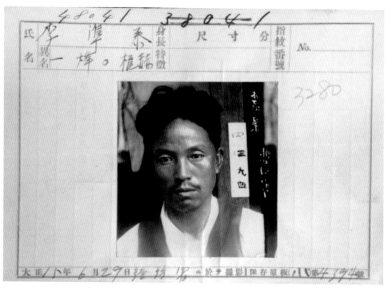

이준태의 「신원카드」

성품을 읽을 수 있다. 평소 그의 과묵한 성품을 전해주는 집안의 여러
이야기와 딱 들어맞는다.

서울에서 1880년대에 신식학교가 들어서기 시작하고, 1890년대에 들어 양반자제들이 신교육을 받기 시작했다. 그렇지만 보수성이 강하던 안동에서는 1907년 임하면 천전리 내앞마을에 협동학교協東學校가 세워진 뒤에야 비로소 신식교육이 첫 걸음을 떼기 시작하였고, 1910년을 넘어서면서 그 열기가 주변 지역으로 확산되어 나갔다. 1910년대 중반을 넘어서면서 새로운 서양문물을 가르치는 교육이 퍼져가기 시작하였지만, 그렇다고 안동문화권에서 전통적인 유학 교육을 내팽개치는 일은 없었다. 이 무렵 안동지역의 전통 양반가문에서는 자제들에게 성리학을 먼저 가르치고, 청년유림이 되어 신식학교에 들어가는 것을 당연한 과정으로 보았던 것이다.

이준태가 어릴 때 전통적인 방법으로 한문에 이어 경학을 익혀 나갔을 것은 당연하다. 누구의 가르침을 받았는지 확실하지는 않지만, 대다수의 문중과 마찬가지로 그의 조부로부터 배우거나 영향을 받았을 법하다. 그리고 마을 건너편에 있는 체화정棣華亭과 같은 좋은 정자를 가진 문중에서 아이들을 길러내는 교육 공간으로 활용한 것은 새삼 말할 필요도 없고, 따라서 이준태가 그곳에서 글을 배웠으리라 짐작된다. 이런 흐름은 안동 전통마을에서는 으레 그랬기 때문이다. 그런데 한 가지 특이한 일이 나타났는데, 그가 나이 10대 중반에 측량학교를 다녔다는 사실이다. 측량학교라는 것이 너무나 생소한 존재인데다가, 더구나 양반출신이 선뜻 그 학교에 들어간다는 것도 그 시대의 급격한 변화 모습을 헤아리지 않고는 이해하기 힘든 일이다.

전통적으로 가장 흔한 다툼이 토지소유권에 대한 것이었다. 토지 가운데서도 '산송山訟'이 특히 그러했다. 이것은 임야와 산소, 곧 묘소에 대한 토지소유권 싸움인데, 문중이 모두 일어나 몇 백 년 동안 갈등을 이어갈 정도로 심각한 일이 거듭되었다. 문중과 달리 국가에서는 토지를 제대로 측량하여 토지소유권을 바로 세우고 거두어들일 조세 수입을 확보할 수 있는 기초가 필요하였다. 그러자면 근대적인 토지소유권을 확립해야 하고, 그에 앞서 토지 측량과 소유권 제도를 든든히 하는 일이 무엇보다 먼저 이루어져야 했다.

측량학교는 땅의 위치와 넓이를 재는 기술을 가르치는 곳으로, 근대에 들면서 나타난 실업학교 가운데 하나다. 이는 근대문물이 들어와 뿌리를 내리는 과정에서 나온 것인데, 흔히 고종이 광무光武 연호를 사용한 뒤로 러일전쟁이 터진 1904년까지 밀고나간 개혁, 곧 '광무개혁'의 한 단면을 알려주는 것이다. 그 내용에는 근대적인 토지소유권을 확립하는 정책이 들어있었다. 바로 양전量田과 지계地契사업이다. 양전은 토지를 측량하는 것이고, 지계는 토지소유권자를 기입하는 일종의 토지대장이다. 1898년 양지아문量地衙門을 열었다가 없애고 1901년 지계아문地契衙門을 설치하였다. 이 사업을 밀고나가자면 토지를 측량하는 인력을 길러내야 했고, 따라서 1908년 서울 종로 수진동壽進洞의 수진측량학교를 비롯하여 곳곳에서 측량학교가 생겨났다. 측량학교는 계몽운동 차원에서 공업·광업·상업·기술 등의 분야에 인재를 길러내자는 뜻으로 세워지기 시작한 것 가운데 하나다. 다른 한편으로는 전통적으로 토지소유권을 둘러싸고 분쟁이 많던 터에, 새로운 측량기술을 문중에서 재빨리 이용하면서 전국 각지에 측량학교가 문을 열었다.

안동에서 세워진 측량학교로는 두 곳이 기록에 남아 있다. 금곡측량학교金谷測量學校와 길성측량학교吉城測量學校가 그것이다. 이준태가 다닌 학교는 안동시내 서쪽편인 금곡동에서 문을 연 것으로 보이는 금곡측량학교였다. 안동 권씨 문중이 나서서 세운 것으로 알려지는 이 학교는 1909년 1월에 졸업식을 가졌다. 졸업식 정황을 ≪황성신문≫의 광고란을 통해 확인할 수 있다.

경북 안동군 금곡측량학교에서 융희隆熙 3년 1월 3일에 졸업식을 거행하였는데 최우등이 29인이오 우등이 63인이오 급제가 36인이기 자玆에 광포廣佈홈. 안동금곡측량학교(≪황성신문≫ 1909년 2월 5일자)

그는 17세가 되던 1909년 1월 10일에 사립 금곡측량학교를 제1회로 졸업하였다.[6] 따라서 1908년에 학교가 세워지고 교육을 받고서 1909년 1월에 졸업했으므로 아마도 교육기간이 1년은 되지않고, 대개 반년 남짓하지 않았나 생각된다. 당시 졸업생은 최우등 29명, 우등 63명, 급제자 36명 등 모두 128명이었다. 즉, 이준태와

6) 「졸업증서」 제94호, 직인은 '安東郡測量學校之章'. 이 학교는 안동 권씨 문중에서 개설한 것으로 전해진다.

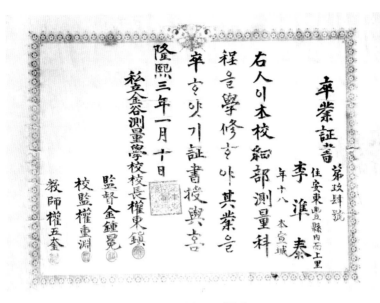

금곡측량학교 졸업증서

함께 졸업한 인원은 128명이나 되었던 것이다. 이 수치는 길성측량학교가 29명이던 것에 견주어 보면 크게 많은 것이었음을 알 수 있다. 이준태의 졸업증서에는 제94호라고 적혀 있고, '세부측량과정細部測量科程'을 마쳤다면서 교장과 감독, 교감과 교사 등 4명의 이름도 함께 기록되어 있다.

그렇다면 그가 왜 측량학교를 다녔을까? 이 문제를 풀어나가는 데 도움을 줄만한 어떠한 실마리도 찾을 수 없다. 일단 두 가지 사실을 되새겨 볼 만하다. 하나는 그의 나이 만 세 살이던 1895년에 아버지가 일찍 사망하고 할아버지 아래에서 성장하면서 현실적인 생계문제에 직면한 것일 수도 있다. 다른 하나는 금곡측량학교가 안동 권씨 집안에서 설립한 것이라는 점과 그의 외가와 처가가 모두 안동 권씨라는 사실 사이에 어떤 연결성이 있지 않을까 추정해 볼 뿐이다. 여기에 한 가지 흥미로운 점은 그보다 다섯 살 어린 권오설權五卨도 측량학교를 다녔으며, 1919년에 전남도청에서 근무하다가 3·1운동에 참가하여 체포되면서 실직하였는데, 그때 측량기사로 근무했다는 이야기가 집안에 전해지고 있다.[7] 그럴 경우 권오설은 1914년 안동 하회마을에 있던 동화학교東華學校를 졸업하고서 금곡측량학교를 다닌 것으로 추정할 수 있고, 그 뒤에 대구고등보통학교와 중앙학교를 다니다가 모두 중퇴한 것으로 이해하는 것이 옳겠다.

안동에서 측량학교를 졸업한 이준태는 서울로 상경하였다. 만 21세가 되던 1913년 12월 20일 서울에서 조선총독부 공업전습소의 금공과金工科를 졸업하였다는 사실을 알려주는 졸업증서가 이를 말해준다.[8] 이 공업전습소는 경기도를 비롯하여 각 도마다 설치되기는 했지만, 그가 졸업한 곳은 서울 종로구 동숭동에 자리잡은 것으로, 지방의 것과는 달리

---

7) 이용직(전 안동향교 사회교육원장)·이동직(이준태 족질) 등 증언.
8) 「경성공업전습소 졸업증서」 참고.

조선총독부 직할로서 경성공업전습소라 불렀다.

경성공업전습소는 1907년에 설립되었는데, 염직과·도기과·금공과·목공과·응용화학과·토목과 등 6개 과로 구성되었다가, 1910년에 토목과는 없어졌다.[9] 경성공업전습소는 뒷날 경성공업학교·경성공업전문학교·경성제국대학 공과대학을 거쳐 서울대학교 공과대학과 서울공업고등학교로 이어지는 두 개 줄기로 연결되었다. 그가 입학했을 것으로 여겨지는 1912년 당시에는 본과(2년), 전공과(1년), 실과(1년) 등 모두 13개 학급으로 구성되었고, 580명이 지원하여 137명이 입학하였으니 4.23:1의 경쟁률을 보인 셈이다.[10]

그가 이 전습소로 진학하게 된 분명한 이유를 알 길이 없다. 다만 그 시기만은 짐작이 된다. 즉 당시 2년 과정이 정규코스였으므로 1909년 1월 안동의 금곡측량학교를 졸업한 뒤, 이준태는 늦어도 1911년 후반까지는 서울에 도착해 있었다고 추정된다.

여기에서 같은 고향에서 같은 전습소로 진학한 인물이 있어 흥미롭다. 이준태와 마찬가지로 안동의 풍산출신이자 장차 사회주의운동에서 가장 가까운 동지로서 같은 길을 걷게 되는 김재봉金在鳳이 1912년에

---

9) 『조선총독부통계연보』(1912), 699쪽.
10) 『조선총독부통계연보』(1913), 716쪽.

경성공업전습소 현재 모습

경성공업전습소 염직과에 입학했다는 사실이다.

이처럼 금공과, 곧 금속공학과를 졸업했지만, 그는 전공과 달리 본래 안동에서 이수한 측량과 인연을 맺었다. 즉 경성공업전습소를 졸업한 뒤 5개월 지난 1914년 5월 31일 임시토지조사국사무원급기술원양성소 臨時土地調査局事務員及技術員養成所 과정을 수료했던 것이다.[11] 그렇다면 경성공업전습소를 졸업하자마자 토지조사국의 사무원 및 기술원 양성소에 입소했다는 말이 되고, 그래서 5월 말에 그 과정을 수료하였다는 것이다.

이어서 그가 바로 취업했는지는 알 수 없다. 그의 동정을 알려주는 확

---

11) 「임시토지조사국 사무원급기술원양성소 졸업증서」 203호.

실한 자료는 그 다음 해인 1915년 12월 31일자로 그가 조선총독부 임시토지조사국 기수보技手補로 발령되고 월급 13원을 받게 되었다는 사실이다.[12] 다음 표를 보면 그의 등급이 '조선인 고원雇員'에 해당됨을 알 수 있다. 즉 맨 오른쪽 난에 조선인 고원이 995명이고 연봉이 143,808원이니, 이를 인원 수와 개월로 나누면 평균 12원을 받았음을 알 수 있다. 또한 당시 구성원과 연봉을 살펴보면, 일본인과 조선인 사이에 격차가 큰 것을 확인할 수 있다. 1915년의 경우 일본인 고원은 매월 24원을 받았으니, 이는 한인 월급 12원의 2배나 되는 것이었다.

조선총독부 임시토지조사국 직원과 연봉

연도	출신 구별	칙임관		주임관		판임관		촉탁		고원	
		인원	연봉	인원	연봉	인원	연봉	인원	연봉	인원	연봉
1915	일본인	1	5,180	45	80,570	714	483,588	2	1,104	296	85,608
	조선인			1	900	2,542	470,592	2		995	143,808
1916	일본인	1	5,180	47	92,330	605	399,180	2	1,620	180	53,700
	조선인			2	1,600	752	170,772			1,038	149,580
1917	일본인			26	54,040	368	245,988	10	1,080	31	10,090
	조선인			1	1,000	260	60,492	1	540	171	33,664

* 『조선총독부통계연보』, 1915년도(908~909쪽); 1916년도(974~975쪽); 1917년도(1060~1061쪽).

12) 「기수보 발령장」.

기수보技手補로 11개월 정도 근무한 뒤, 1916년 11월 15일 그는 조선총독부 임시토지조사국 기수技手로 승급하고 8급봉의 월급을 받게 되면서,[13] 바로 자리에서 면직되었다.[14] 1917년부터 조선총독부의 임시토지조사국이 직원을 급격하게 감원시키기 시작하였고, 1918년 고등토지조사위원회 사무국 인원도 극소수로 줄어들었다. 이런 차원에서 1918년에 조선총독부는 '문관분한령文官分限令'을 발표하였으니, 이로 말미암아 그는 자리를 잃게 된 것이다. 요즘 표현으로 말하자면 구조조정을 한답시고, 직급을 하나 올려 퇴직시키는 조치에 그도 당한 것이다. 일제는 토지조사사업을 펼쳐 많은 땅을 확보하였고, 이에 따라 토지조사사업을 사실상 마무리 짓는 과정에서 그 동안 현장에서 일해 온 인력을 해산시키고 관리도 줄인 것이다.

이준태가 기수로 근무한 때는 언제까지였을까? 그가 "토지조사국의 기수로서 3년 동안 근무했다."고 밝힌 점으로 미루어 보아, 늦어도 1916년 말이나 1917년 초까지 참여한 것으로 헤아려진다. 그렇다면 이준태는 20대 초반이란 젊은 나이에 일제가 펼친 한국 통치 현장의 한 곳에서 있은 셈이다. 일제는 한국을 강점하자마자 1차 산업사회이던 식민지

---

13) 「기수 발령장」.
14) 「사령장」에는 '문관분한령'에 따라 면직된 것으로 기록되었다.

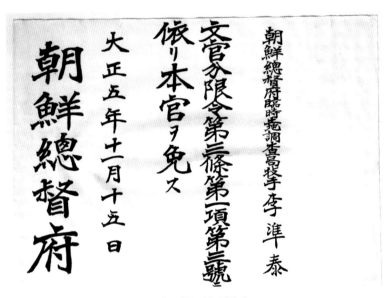

토지조사국 기수 면직서

를 밑뿌리부터 철저하게 틀어쥐기 위해 토지조사사업을 펼쳤고, 이준태
는 그 일선 현장에 서서 참가하고 있었던 것이다. 그러다가 일단 토지조
사사업이 마무리되면서 그는 안정된 직장을 잃게 된 것이 아닌가 짐작된
다. 그렇다고 조선총독부의 측량업무가 완전히 없어진 것은 아니지만, 그
는 조선총독부의 관리 신분에서는 벗어난 것으로 여겨지기 때문이다.

4. 대한민국 임시정부 자금지원 활동에 참가하다

이준태는 갑자기 사회운동의 일선에 나타났다. 도대체 무엇이 그로 하여금 사회운동의 최전선으로 나서게 만들었는지 전혀 알려지지 않고 있다. 그저 미루어 짐작해본다면, 그가 토지조사사업에 참가하는 과정에서 민족문제에 눈을 뜨기 시작한 것이라거나, 또는 3·1운동이 전환점으로 작용한 것이 아닌가 하는 것이다. 그렇지만 그가 3·1운동 당시 어디에서 어떠한 움직임을 보였는지 전혀 알려지지 않아 막연한 상태이다.

이준태가 독립운동에 발을 내디딘 것을 보여주는 첫 자료는 1919년 음력 8월이다. '조선독립단사건朝鮮獨立團事件'이란 것에 그의 이름이 처음으로 등장한 것이다. 일본 경찰이 이를 찾아내고 사건으로 만들어낸

安相吉의 被捉 (京城日報)

敵紙所報에依컨대大邱達城町十
三番地사는穀物商安相吉(一九)은
再昨年八月上海에來하야我政府職
員과會見한結果軍資金募集의付託
을受하고慶北交通部長의任을帶한
後京城에歸하야滿洲日報記者金在
鳳(三〇)으로더부러協議하고天道
敎人과耶穌敎人間에檄文을配布하
다가去月二十七日敵手에被捉하엿
더라。

안상길 체포 소식 (《독립신문》 1921년 2월 17일자)

것이 1920년 말이니, 그가 붙잡힌 때도 바로 이 무렵으로 짐작된다.[15]
'조선독립단사건'이란 이름은 일본 경찰이 지은 것인데, 조선독립단이라
는 조직체가 존재한 것이 아니라, 일제가 관련자들을 하나의 조직체로
묶어 부른 이름이다. 마치 파리장서의거를 '유림단사건'이라 부른 것과
마찬가지다.

---

15) 미결 구류가 시작된 일시가 1921년 3월 초이고, 안상길의 1년형 만기가 1922년 3월 초였다. 그러므
로 경찰에 체포된 시기는 1920년 후반 정도로 추정된다.

1920년 말에 붙잡힌 인물들이 신문을 당하고 재판을 거친 것이 이듬 해였다. 그 내용을 살펴보면, 거사의 출발은 안동출신인 안상길安相吉이 1919년 음력 7월 대한민국 임시정부를 찾아 중국 상하이로 간 것으로 시작되었다. 안상길은 그곳에서 안창호安昌浩를 비롯한 요인들을 만나고 대한민국 임시정부 교통부 아래 경상북도 교통부장이라는 직임을 받고 그 다음 달에 귀국하였다.[16] 서울에 도착하자마자 안상길은 고향출신인 김재봉金在鳳과 이준태를 만났다. 서울 청진동 302번지에 있던 진일여관 進一旅館이 그곳이었다. 안상길이 상하이로 떠나기 전부터 약속된 만남 이었는지는 알려지지 않지만, 안상길이 돌아오자마자 만났다는 사실은 사전에 약속된 것일 수 있다. 그렇다면 안상길이 상하이를 다녀온 사실 자체도 처음부터 논의를 거쳐 이루어진 것이라 짐작되지만, 이를 알려주 는 구체적인 자료가 없어 아쉽다.

이준태와 김재봉은 안상길로부터 대한민국 임시정부에 다녀온 이야 기를 들었다. 안상길은 상하이에서 가져온 ≪독립신문獨立新聞≫·「대한 민국임시정부헌법」·「교통부 규칙」·「애국금수합위원사령서愛國金收合委 員辭令書」·「애국금영수증愛國金領收證」 등을 두 사람에게 보여주었다. 그러면서 안상길은 자신이 대한민국 임시정부로부터 받은 임무가 애국

---

16) ≪독립신문≫ 1921년 2월 17일자.

금을 거두어 상하이로 보내는 것이라는 사실도 밝혔다.

대한민국 임시정부는 국내를 원격 통치한다는 계획을 세우고 실제 추진하고 있었다. 정부 부서마다 국내의 정보, 통치를 장악할 수 있는 통로와 기구를 만들었다. 내무부의 연통부, 교통부의 교통국, 그리고 군무부의 주비단籌備團이 대표적이다. 교통국이 마련한 연결망을 통해 국내의 도와 시·군, 그리고 면까지 관리를 직접 임명하고, 정부의 통치행위를 펼쳐가며, 주비단을 통해 군사동원력을 확보한다는 것이 기본 계획이었다. 그 계획은 실천에 옮겨져 상당한 성과를 올리기도 했지만, 그럴수록 일제의 감시망에 드러나게 되어 철저하게 차단당하기에 이르렀다.

안상길의 이야기를 들은 이준태와 김재봉은 흥분을 누르기 힘들었을 것이다. 서슴없이 이들은 애국금을 모으는 일에 나섰다. 대구와 안동을 중심으로 활동하기 시작한 것이다. 그러나 불행하게도 이들은 곧 일제 경찰의 추적을 받게 되고 마침내 붙들리고 말았다.[17]

이들이 붙잡힌 꼬투리는 숨겨두었던 대한민국 임시정부의 문서들을 일제 경찰에 들켜버렸기 때문이다. 그 무렵 안상길의 애첩인 하성경河成卿이란 여인이 운영하던 안동 금남여관錦南旅館이 비밀 아지트로 이용되었다. 지금은 그 여관이 없어졌지만, 안동시내 한 복판에 있는 신한은

---

17) 「판결문」, 경성지방법원, 1921년 6월 2일.

금남여관 자리(안동성결교회)

행 정문에서 남서쪽으로 길 건너 30m 정도 떨어진 오른쪽 첫 골목길 안
에 터 잡은 한옥 기와건물이었다. 옛 지번으로는 139번지, 지금은 문화
광장길 47 또는 47-1 사이, 안동성결교회 입구가 된다. 이 여관은 그 뒤
에도 여러 차례 안동지역 사회주의운동가들의 근거지로 이용되는데, 바
로 이곳에 숨겨둔 서류가 발각된 것이다.

여기에 등장하는 안상길은 안동시 와룡면 중가구리에서 태어난 인물
이다. 안동시내에서 북쪽 도산서원으로 가는 길을 따라 8km 정도 가다
가, 와룡면 소재지 조금 못 미처 동쪽으로 방향을 틀어 잠깐 나아가면
안동댐으로 연결되는 1차선 도로가 나온다. 이 길을 따라 1.5km 들어가
면 남흥南興이라는 마을이 있는데, 이 마을은 순흥 안씨들의 동성마을

이다. 여기에서 다시 남쪽 사이길로 조금 더 들어가면 안상길의 생가 터가 있다. 현재 지명으로는 안동시 와룡면 중가구 1리 517번지가 생가 자리이고, 바로 옆 518번지가 안상길이 분가해 살던 집터이다.[18] 새 주소로는 남흥길 108-17 근처가 된다. 안상길은 상당히 부유한 집안출신으로, 아버지 안승국安承國이 이미 1910년대 후반 광복회에 군자금을 지원한 일도 있었다. 안상길은 둘째 아들이고, 1925년 무렵 모스크바 동방노력자공산대학으로 유학하게 되는 안상훈安相勳은 넷째 아들이다.[19]

여기에서 두 가지 의문점이 나타난다. 하나는 앞서 말했듯이 안상길이 상하이에 다녀온 것이 오직 그만의 단독 계획과 활동인지, 또 안상길이 돌아오자마자 어떻게 진일여관에서 세 사람이 만날 수 있었는지 등이다. 전혀 알 길이 없는데, 다만 추정할 수 있는 점은 1919년 무렵에 이들 세 사람은 이미 서울에서 함께 활동을 벌일 만한 관계를 가졌다는 사실이다. 세 사람이 안동출신이라는 공통점만이 아니라, 김재봉은 안상길의 외가 집안사람이다. 게다가 이준태와 김재봉은 같은 풍산출신이기도 하지만, 경성공업전습소 동문이라는 공통점도 있었다. 많지도 않은

---

18) 안상길은 10남 2녀 가운데 둘째이다. 생가는 1949년 음력 3월 11일 경찰이 불을 질러 태웠다고 전해진다(안승국의 증손이자 胄孫인 安孝日 증언, 안효일은 안상길의 종손자로 1935년생).

19) 이 마을 출신으로 사회주의운동에 등장하는 안상준·안상윤·안상태(안상경) 등은 모두 가까운 형제들이다.

안상길

안상길의 고향 남흥동네

동창생인데다가 같은 고향출신이니 가까운 사이였음은 분명할 것이다. 따라서 이들 사이에는 3·1운동이 일어난 직후 대한민국 임시정부 수립 소식을 듣고 이를 파악하고 또 지원하려는 의도를 가지게 되었고, 여기에 이준태도 함께 나선 것으로 여겨진다.

또 하나의 의문은 여기에서 이준태가 맡은 임무나 활동이 두드러지게 나타나지 않는다는 점이다. 그가 안상길·김재봉과 더불어 진일여관에서

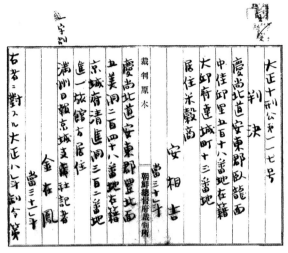

조선독립단사건 판결문(1921년 6월 2일, 경성지방법원)

만나서 대한민국 임시정부의 문서를 보았고, 애국금 모금에 대해 논의하였다는 사실만은 판결문에서 확인된다. 그렇지만 이준태는 안상길이나 김재봉과 달리 형벌에 처해지지 않았다. 이 '조선독립단사건'으로 안상길이 1년, 김재봉이 6개월의 징역형을 치렀다. 안상길이 대한민국 임시정부 경북교통부장이라는 직책과 역할로서 주역 대우를 받아 1년형을, 그리고 김재봉이 실행에 옮긴 주역으로서 6개월형을 받은 것이다.

세 사람 가운데 이준태만이 어떠한 벌칙도 받지 않은 이유는 무엇일까? 이준태가 안상길과 김재봉을 만나고 《독립신문》을 비롯한 대한민국 임시정부의 문서를 보았지만, 더 이상의 드러나는 일을 하지 않았기 때문일 것이다. 또는 그가 본격적으로 움직임을 보이기도 전에 안상길과 김재봉이 일제에 붙잡힌 때문이거나, 아니면 두 사람이 이준태를 감싸 드러나지 않게 한 것이 아닌가 짐작해본다. 그렇지만 비록 징역형을 받지 않았다고 하더라도 이준태가 일제 경찰로부터 겪어야 했던 고초가 적지 않았을 것이라는 점은 판결문을 통해 알 수 있다.

'조선독립단사건'에 얽혀 고생했던 1919년과 이듬해 정황은 그가 민족문제에 뛰어든 계기이거나 출발점이라고 판단된다. 그러므로 이준태가 독립운동에 발을 내디딘 확실한 계기는 1919년 가을 대한민국 임시정부에 대한 소식을 둘러싸고 안동출신 젊은이들이 모여 논의하는 과정에서 만들어진 것으로 생각된다.

5. 순회강연을 통한 문화운동의 전개

이준태는 '조선독립단사건'으로 일제 경찰에 붙잡히기 이전 이미 서울에서 그 존재를 뚜렷하게 나타내고 있었다. 1920년 7월 17일자 ≪동아일보≫에 「학우회주최순회강연변사제군學友會主催巡回講演辯士諸君」이라는 글을 '학암鶴巖 이준태李準泰'라는 이름으로 발표하였다.[20] 그는 이 글에서 홍수를 무릅쓰고 전국 순회강연에 강연자로 나서는 청년들을 격려하면서 2천만 민족에 대한 사랑을 요구하였다. 그러면서 자신은 병으로 누워 있어 여기에 함께 나서지 못하는 현실을 아쉬워하였다.

이준태의 그러한 활동은 다음 해인 1921년에도 이어졌다. 즉 「불원不

---

20) ≪동아일보≫ 1920년 7월 17일자.

遠한 하기휴학과 학생제군」이라는 글이 '일강一岡 이준태李準泰'라는 이름으로 기고되었다. 이 글에서 이준태는 여름 방학을 맞은 학생들에게 "강연단을 조직하여 농촌으로 가라."고 요구하고 나섰다.

미개未開한 동포同胞를 깨우라 그네는 말을 ᄒ고 사지四肢를 움즉이지마는 제군諸君이 ᄋ니면 써ᄀ은 가지가 될 것이오 또는 그네가 ᄋ니면 제군諸君은 우익羽翼 업는 학鶴이 될 것이다 환언換言ᄒ면 제군諸君과 그네의 생명生命은 연쇄적連鎖的 관계關係가 잇다 엇지 순간舜間인들 등한等閑에 부付ᄒ랴 그리고 제군諸君의 열변熱辯이 도到ᄒ 때는 눈에 서광曙光이 빗취고 귀에는 배달족族의 세포細胞 뛰노는 쇼리가 들릴 것이다 그것만으로도 족足히 노고勞苦를 망忘ᄒ고 쾌락快樂을 각覺ᄒ 것이 안인가 차此는 실實노 활극活劇이며 희극喜劇이다 차此로부터 단련鍛鍊ᄒ는 기예技藝는 가可히 출중出衆ᄒ 배우俳優가 되고야 말지며 우주宇宙의 생명生命에 합일合一ᄒ고야 말리로다 믄득 지구地球라는 무대舞臺에 각양배우各樣俳優가 백중伯仲을 다토을 때 **배달파派**라는 일행一行이 특수特秀한 기능技能을 발휘發揮ᄒ야 적적嘖嘖ᄒ 영예榮譽를 횡橫으로 4만리四萬里, 종縱으로 천만대千萬代에 소개紹介ᄒ가 ᄒ노라 학생學生 제군諸君이여(밑줄; 필자주)[21]

---

21) ≪조선일보≫ 1921년 6월 8일자.

≪조선일보≫ 1921년 6월 8일자

이준태가 말한 기본 뜻은 '동포를 깨우치기 위해 학생들이 농촌으로 가야 한다'는 것이다. 그는 농촌의 동포와 학생들의 생명이 상대가 없이는 존재할 수 없는 '연쇄적 관계'로 파악하고 있었다. 따라서 학생들이 나서는 길이 곧 상생相生의 길이므로 그 길에 적극 동참해야 하며, 이를 바탕으로 배달민족의 자긍심을 일깨워야 한다는 뜻을 학생들에게 요구하고 나선 것이다. 특히 그는 '배달파'라는 부분에 글씨를 굵게 처리하여, '깨우칠 동포'와 '특수한 기능을 발휘할 민족'을 연결시켰다. 이는 곧 강연운동의 목표가 '미개한 동포를 세계적으로 영광된 민족으로 승화시키는 것'이라는 점을 밝힌 셈이고, 학생들이 그 길에 나서야 한다는 사실을 강조한 셈이다.

두 번에 걸친 신문 기고문을 통해 이준태가 1920년과 1921년에 학생들에게 순회강연에 나서기를 요구하고, 또 격려하였다는 사실을 확인했다. 그는 이러한 순회강연을 1920년부터 주창하거나 추진한 것으로 보인다. 왜냐하면 두 번째의 글, 곧 1921년의 글에서 그는 "작년昨年에 발발勃發흔 제일성第一聲을 계속繼續ㅎ며"라고 표현했기 때문이다. 그렇다면 그도 여기에 동참한 것은 당연한 일이라 여겨진다. 비록 1920년의 글에서 자신이 병으로 누워 있어 동참하지 못함을 사죄하였지만, 순회강연을 독려하고 있는 점으로 미루어 볼 때, 그가 이미 이 운동에 상당히 깊게 발을 내딛고 또 앞장서고 있었음을 알 수 있다. 1919년 가을 이후 이준태는 대한민국 임시정부에 애국금을 보내는 일에 연관되어 있기도 했지만, 다른 한편으로는 농촌에 대한 순회강연사업에 더 비중을 두고 있었다고 판단된다.

    1920년에 들어 서울에서 노동운동과 관련된 중요한 단체가 결성되었다. 조선노동대회와 조선노동공제회가 바로 그것이다. 조선노동대회는 1920년 2월 16일에 서울에서 노동자의 상부상조와 인격적·지적 향상을 목적으로 결성된 노동운동단체이고, 조선노동공제회는 그보다 두 달 뒤인 4월에 출범한 최초의 전국적 조직으로서 민족문제와 노동문제에 대처하기 위해 결성되어 다양한 색깔의 인물들이 참여하였다. 이준태는 이들 두 단체에 모두 참가하면서 노동운동을 시작하였다. 다시 말하자면 그는 한국 근대 노동운동사의 출발선에서 다른 선각자들과 나란히 내달리기 시작한 것이다.

    이와 함께 안동에도 노동운동단체로 조선노동공제회 안동지회가 세

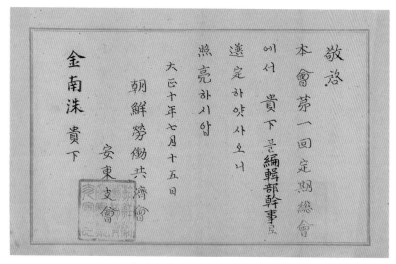

敬啓
本會茅一回定期總會
에서 貴下를編輯部幹事로
選定하얏사오니
照亮하시압
大正十年七月十五日
朝鮮勞働共濟會
安東支會
金南洙 貴下

조선노동공제회 안동지회 김남수 임명장

워졌다. 안동문화권에 혁신의 물꼬를 열었던 류인식柳寅植의 제자들이
주역을 맡아, 1920년 9월 23일 첫발을 내디뎠다. 노동운동이란 말 자체
가 낯선 그 시기에 만 55세나 되는, 그 무렵으로는 노년에 접어든 류인식
이 또 다시 혁신의 길을 걸었던 것이다. 그의 지도를 받은 류동저柳東著
(파리장서에 참가하게 되는 류연박柳淵博의 둘째 아들), 류준희柳浚熙(류
인식의 아들), 류주희柳周熙(류인식의 집안 조카), 김남수金南洙(안동 군
자리 광산 김씨 탁청정 종가 출신) 등이 중심인물이었다. 안동의 노동운
동 출범에 서울에서 활동하던 이준태의 영향이 있었을 것이라는 짐작은

무리가 아닐 것이다.

한편 1921년 9월 김재봉이 감옥을 나섰다. 나오자마자 김재봉은 조선노동대회의 6명 대표 가운데 한 사람으로 뽑혀 10월 24일자로 러시아로 출발하였다. 러시아가 소집한 극동민족대회(극동인민대표회의)에 참가하기 위한 걸음이었다. 이 회의에 나라 안팎에서 단체별로 뽑힌 대표들이 곳곳에서 러시아로 향하고 있었다. 대한민국 임시정부 주변에서 움직이던 여러 단체들도 대표들을 대거 파견하였다. 전체 144명 가운데 한국 대표가 56명이나 참가함에 따라 극동지역에서 가장 많은 규모를 기록하였다.

이 회의는 레닌의 혁명 확산이라는 전략에서 나왔다. 그때 태평양평화회의라는 이름 아래 미국에서 열리던 워싱턴회의(1921. 11. 12 ~ 1922. 2. 6)를 견제하기 위해 레닌이 개최한 회의가 바로 극동민족대회였던 것이다. 회의는 처음 예정했던 이르쿠츠크에서 열리지 못하고 날짜도 뒤로 밀리다가, 끝내 1922년 1월 21일부터 2월 2일까지 모스크바에서 열렸다. 크레믈린 궁전에서 개회식을 가졌고, 그리스정교신학교 제3기숙사에서 회의가 이어졌다고 전해진다.[22] 여기에 참가하려고 떠나는 김재봉과 그를 보내는 이준태 사이에 어떠한 이야기가 오고 갔는지 알 길이 없지만,

---

22) 「여운형 피고인 신문조서(제2회)」, 『夢陽呂運亨全集』 1, 한울, 1991, 563쪽.

極東民族大會 開會式

극동민족대회 개회식

모스크바 크레믈린 궁전

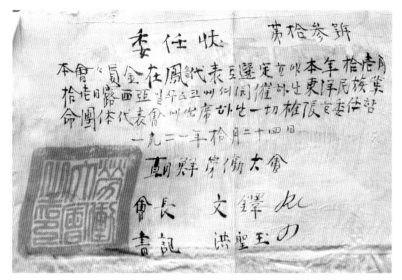

김재봉의 조선노동대회 위임장

두 사람은 자기가 맡을 임무를 논의하고 나누어 맡았으리라 짐작된다.
이것은 김재봉의 귀국에 맞춰 두 사람이 걷게 된 발자취에서 그럴 가능
성을 헤아릴 수 있기 때문이다.

이준태가 사회주의운동에 뛰어든 기점은 1922년이라 생각된다. 이 해
1월 19일 결성된 무산자동지회無産者同志會가 국내에서 조직된 최초의
사회주의단체로 평가되는데, 시기로 보아 러시아에서 소집한 극동민족대
회와 관련이 있을 것 같다. 같은 시기에 열린 위싱턴회의가 한국 민족문

제를 거들떠보지도 않는 것과는 다르게, 모스크바에서 열린 극동민족대회는 한국문제 자체를 주요 과제 가운데 하나로 다루었다. 대한제국이 망한 뒤에 국제사회에서 한국문제를 이처럼 주요 과제로 다룬 일은 일찍이 없었다. 그러므로 참석 대표들이 받은 감흥은 짐작되고도 남는다.

이 무렵 국내에서 최초의 사회주의단체인 무산자동지회가 조직되었고, 이준태도 여기에 참가하였다. 김재봉을 보낸 뒤 그는 서울에 남아 사회주의운동의 틀을 만드는데 힘을 쏟은 것으로 짐작된다. 이 무산자동지회는 결성된 직후에 무산자동맹회無産者同盟會로 확대·개편되었다. 즉 결성된 지 두 달 반 정도 지난 3월 31일 무산자동지회와 신인동맹新人同盟이 하나로 묶어지면서 무산자동맹회로 발전한 것이다. 이준태가 여기에 참가한 것은 당연하다. 그는 1923년 1월에 김한金翰·원우관元友觀·김달현金達鉉 등과 더불어 무산자동맹회의 상임위원을 맡음으로써,[23] 사회주의운동의 출발점에서 그의 위치를 확연하게 드러냈다.

1922년 10월 이준태는 조선노동연맹회에 참가하였다. 당시 무산자동지회를 거쳐 무산자동맹회에 가담하면서 조선노동공제회에서도 활약하

---

23) 尖口生, 「까마구의 雌雄」, 《개벽》 34, 1923년 4월 1일, 52~53쪽. 무산자동맹은 1922년 7월에 峴底洞 南山町 宋伯爵 토지를 빌려 회관과 공장으로 사용하려고 40여 평 지하 건물을 짓다가 자금난으로 중단했다. 1923년 초 사무실은 觀水洞 47번지 100여 칸 되는 한옥의 한 모퉁이 2칸 반을 10원에 세 들고 있었다.

고 있던 그는 조선노동연맹회가 10월 16일에 결성되자 여기에도 적극적으로 뛰어들었다. 이 조선노동연맹회는 본래 1920년 4월 첫 번째 전국적 노동운동단체로 결성되었던 조선노동공제회가 두 갈래로 분화되면서 만들어진 단체였다. 조선노동공제회에서 강성을 지닌, 즉 사회혁명주의를 표방하던 윤덕병尹德炳·김한金翰·신백우申伯雨 등이 혁명적 성향의 노동단체를 건설하고 나선 것이다. 조선노동연맹회가 내건 강령 세 가지를 보면 그러한 성향을 헤아릴 수 있다.

1. 사회역사의 필연한 진화이법進化理法에 종종從하야 신사회 건설을
   기도期圖하고,
2. 공동의 력力으로 생활을 개조키 위하야 차此에 관한 지식의 계발,
   기술의 진보를 기도하고,
3. 현 사회의 계급적 의식에 의하야 일치 단결을 목적함[24]

이런 사실로 미루어보아, 이준태도 역시 조선노동공제회의 분화과정에서 강성 노선을 걸었다는 사실을 알 수 있다. 그렇다면 안동에서 결성된 조선노동공제회 안동지회가 조선노동연맹회에 참가하는 것이나 이준태가 거기에 관련되었을 것은 더 말할 나위가 없겠다. 조선노동공제회

---

24) 尖口生, 「까마구의 雌雄」, ≪개벽≫ 34, 1923년 4월 1일, 55쪽.

안동지회를 포함하여 12개 단체가 조선노동연맹회에 가담하였는데, 진주노동회·대구노동공제회·감포노동공제회·청진노동공제회·양복기공조합洋服技工組合·인쇄직공친목회·전차종업원회·이발조합·경성양화직공조합·반도고무직공친목회·경성노우회 등이 그것이다.[25]

조선노동연맹회가 결성되었다는 사실은 한국의 노동운동이 한 걸음 더 나아간 것임을 뜻한다. 노동자의 계급의식을 높이는 것과 전국적으로 투쟁역량을 집중시키는 것, 그리고 프롤레타리아의 국제주의를 내세우는 것 등은 한국 사회주의운동사에서 중대한 기점이었기 때문이다. 정리하자면, 이준태는 무산자동맹회를 이어 조선노동연맹회에 참가하면서 계급적 노동운동에 발을 내딛었고, 또한 고향에서 김남수가 이끌던 '조선노동공제회 안동지회'에도 관계를 가졌던 것이다.

---

25) 尖口生, 「까마구의 雌雄」, ≪개벽≫ 34, 1923년 4월 1일, 55쪽.

1922년이 이준태가 노동운동에 뛰어든 시기라면, 1923년은 노동운동과 사회주의운동에서 한 단계 뛰어 오른 시기였다. 먼저 1923년에 들어서면서 동지들이 한 자리에 모이게 된 일은 그로 하여금 변화하는 중요한 계기가 되었다. 가장 두드러진 변화는 김재봉이 러시아에서 돌아온 것이다. 앞서 말했듯이 같은 안동출신이자 경성공업전습소 동문인 김재봉이 5월 서울에 나타난 것이다.[26] 김재봉은 '조선독립단사건'으로 옥고를 치른 뒤 만주로 갔다가 모스크바에서 열린 극동민족대회에 참가한 후, 다시 블라디보스토크에서 꼬르뷰로의 국내부(혹은 내지부內地部)를

---

26) 김준엽·김창순, 『한국공산주의운동사』 2, 청계연구소, 1986, 41·200쪽.

결성하는 임무를 띠고 몰래 국내로 들어온 길이었다. 다시 말해 김재봉은 코민테른으로부터 든든한 신임과 더불어 대표성을 인정받고 귀국한 것이다.

김재봉은 내지부의 책임자가 되어 고국으로 돌아왔지만, 1921년 감옥을 나서자마자 나라밖으로 떠났기 때문에 국내운동과 그다지 관계를 맺지 못했다. 즉 국내활동에서 공백을 가진 것이다. 이를 메워줄 인물이 바로 이준태였다. 물론 그것은 일방적인 것이 아니라, 상호적인 것이었다. 이준태에게는 국제적 정보와 신임을 확인할 수 있었고, 김재봉으로서는 이준태가 확보해 둔 서울지역의 활동영역이 이후 활동의 중요한 바탕이 되었다.

이렇게 김재봉이 서울에서 터를 잡는 과정에 이준태가 확실한 도움이 되었을 것으로 짐작된다. 왜냐하면 이준태는 김재봉과 남다른 인연을 갖고 있었다. 같은 고향 출신인데다가 경성공업전습소 동문이었다. 또 이준태가 1920년부터 서울에서 활동하면서 터를 잡았을 뿐만 아니라, 김재봉이 귀국하기 직전까지 공산주의그룹인 중립당 지도자 김한金翰과 매우 가까운 사이였다. 따라서 그는 1922년 1월부터 무산자동지회에 이어 무산자동맹회에도 함께 참가하면서 노농운동과 계급운동의 텃밭을 확보하고 있었다.

김재봉과 김찬金燦·신철辛鐵 등이 국내로 돌아온 것은 조선공산당 창당을 향해 나가는 물꼬를 튼 계기가 되었다. 김찬과 신철은 1923년 4월에, 그리고 김재봉은 그 다음 달에 귀국하였다. 신철과 김재봉이 김찬의 주선으로 신백우申伯雨·윤덕병尹德炳·원우관元友觀·이영李英·김유인金裕寅·임봉순任鳳淳 등 서울에서 활동하던 인물과 만나면서 자연스럽게 비밀조직을 만드는 일을 논의하였다. 이들 가운데 신백우와 윤덕병은 조선노동연맹회, 원우관은 무산자동맹회, 이영·김유인·임봉순은 서울청년회 지도자였다. 그 과정에서 사람마다 일을 분명하게 나누어 맡았다. 신철은 주로 고려공산청년회 중앙총국, 김재봉은 조선공산당 건설과 관련된 활동에 집중하게 되었다. 이들이 논의하던 끝에 김재봉이 귀국한 바로 뒤인 1923년 5월 첫 결실로 꼬르뷰로 내지부가 결성되었다. 여기에는 서울청년회계만 빼고 중립당을 중심으로 이르쿠츠크파와 뒷날 화요회계가 되는 인물, 그리고 북풍회계 간부들이 대거 참가하였다.

꼬르뷰로 내지부는 조선공산당과 고려공산청년회로 나누었다. 조선공산당은 김재봉을 책임비서로, 이봉수·김약수·신백우·원우관을 간부로 삼아 추진되고, 고려공산청년회는 신철을 책임비서로, 안병진安秉珍과 김찬을 간부로 뽑아 일을 밀고 나갔다. 여기에 이준태와 권오설이 가

입한 것은 더 말할 것도 없다.[27]

　김재봉을 비롯한 중심인물들은 능력을 갖춘 당원을 모으는 일과 조
직투쟁에 힘을 쏟았다. 이에 이준태는 윤덕병·권오설·홍덕유·김단야·
임원근과 더불어 ≪시대일보≫(뒤에 ≪중앙일보≫)를 비롯한 8개의 당야
체이카(세포)를 확보하는 데 가담하였다. 당시 지방에는 신의주를 비롯
한 열 군데에 당야체이카를 한 개씩 확보하였다.[28] 1925년 1월 25일자로
국제공산청년동맹에 보고한 내지부, 즉 화요파 현황을 보면, 표현단체와
사상단체가 있었는데, 화요회·무산자동맹회·여성동우회(이상 경성)·구
이동맹九二同盟(진주)·정오회(대구)·십팔회十八會(광주)·무산자동맹(순
천)·화요회(인천)·혜성회(마산)·**화성회(안동)**·사회사상연구회(해주) 등
이, 농민단체로는 경북지역에서 **안동·풍천**·대구·의성이 소속되었다.[29]

　이준태는 꼬르뷰로 내지부에 참가하는 한편, '신사상연구회'를 결성하
고 나섰다. 1923년 7월에 발기인으로 참가하였는데, 그 본부는 서울 낙
원동 173번지에 두었다. 이 단체는 이름 그대로 '신사상'인 사회주의사상

---

27) 「김찬 조서」, 225쪽(김준엽·김창순, 『한국공산주의운동사』 2, 청계연구소, 1986, 202·206·209쪽
　　에서 재인용).

28) 김준엽·김창순, 앞의 책, 205쪽.

29) 신주백, 「김재봉과 조선공산당」, 『1920년대 안동출신 사회주의운동가』(한국근현대사학회 63회 발
　　표회), 2001, 12쪽.

신사상연구회 자리(서울 종로구 낙원동 173번지)

新思想研究會
새로발긔되엿다

홍수와가치범람하는 신
사상을연구하야 조리잇는 탐
구를 차저보랴 부덕으로 신사
연구회가생겨낫다위치는경셩락
원동(京城樂園洞一七三)에두고
실행방법으로는 강습과 토론회
하는외에 도서와잡지를 간행
혈러이라하며 발긔인의 씨명은
좌하더라

洪增植　洪命憙　尹德炳
金炳億　李載誠　李抒廷
賴珪洙　蘭相熙　申相熙
具然欽　洪忠裕　元友觀
朴牧鐘　金燦　朴一秉
金翊衡

신사상연구회 발기기사(《동아일보》 1923년 7월 11일자)

을 연구하는 것을 목적으로 삼고, 그것을 달성하기 위해 강습회와 토론
회를 열고 도서와 잡지를 발간하는 활동 방침을 정했다.[30]

이미 계급적 색채가 가장 강한 무산자동맹회를 운영하던 인물들이
이처럼 신사상연구회라는 연구단체를 결성하게 된 바탕에는 한 가지 고
민이 있었다. 가장 강성을 띠던 김한이 의열단과 박열의 투쟁에 얽혀들
어 감옥에 갇히는 바람에 무산자동맹회 자체가 탄압을 받고 있었다. 따
라서 활동이 사실상 불가능한 상태에 빠졌기 때문에 돌파구를 마련해
야 하는 절박한 형편이었다. 연구단체를 표방한 신사상연구회를 발기하
고 나선 이유가 거기에 있었던 것이다.

무산자동맹회가 실행단체인 것과 달리, 신사상연구회는 "당시 새로
수입되고 있던 코뮤니즘의 연구가 그 목적"이었다.[31] 여기에 발기인으로
나선 사람은 이준태를 비롯하여 홍증식洪璔植·홍명희洪命熹·윤덕병尹
德炳·김병희金炳僖·이재성李載誠·이승복李昇馥·조규수趙奎洙·강상희
姜相熙·구연흠具然欽·홍덕유洪惠裕·원우관元友觀·박돈서朴敦緖·김찬
金燦·박일병朴一秉·김홍작金鴻爵 등 16명인데,[32] 대개 무산자동맹회와

---

30) ≪동아일보≫ 1923년 7월 11일자.

31) 金璨載, 「金燦時代의 火曜會」, ≪삼천리≫ 7권 5호, 1935년 6월 1일, 45쪽.

32) ≪동아일보≫ 1923년 7월 11일자.

조선노동연맹회에 관련된 자들이었다.

신사상연구회는 연구단체라는 이름을 내걸었으나, 사실은 투쟁단체로 점차 체제를 갖추어 갔다. 이것은 신사상연구회 결성 자체가 전술적인 변화일 뿐, 결코 투쟁노선의 변화를 의미한 것은 아니었기 때문이다. 그러므로 상황이 변하면 자연스럽게 새로운 투쟁단체를 결성하게 마련이다. 그 결과가 화요회火曜會 결성으로 나타났다. 이에 대하여 당시 함께 활동을 벌인 김경재金璟載가 "김재봉·이준태·김찬·윤덕병 등 실제운동가가 이 회에 가입하면서 단순한 연구기관에서 실제운동 집단으로 재조직하자는 주장이 나왔고, 그 결실이 화요회"라고 기록해 두었다.[33] 즉 신사상연구회가 1924년 11월 19일에 화요회로 바뀌게 되었던 것이다.

그런데 김경재가 말하는 '실제운동가' 네 사람 가운데 김재봉을 제외한 나머지 3명은 발기인으로 참가하였기 때문에, 이들이 참가하면서 성격이 바뀌었다는 표현은 다시 생각해 볼 여지가 있다. 그보다는 오히려 이들 네 사람이 특히 '실제운동가'로서의 성향을 강하게 지녔던 것으로 이해하는 편이 옳을 것 같다. 또한 '실제운동'으로 전환한 것이 사상단체라는 한계를 극복하고 조직적인 운동을 펼치려는 발전적이고도 자연스런 과정이었다.

---

33) 金璟載, 「金燦時代의 火曜會」, ≪삼천리≫ 7권 5호, 1935년 6월 1일.

8. 경성고무공장 여자직공 파업지원과 노동문제 강연활동

　　1923년이 사회주의단체 결성에서 획기적인 시기이기도 하지만, 이준태로서는 노동운동의 현장에 동참하는 무렵이기도 했다. 그는 3월 24일에서 30일까지 열렸던 전조선청년당대회에 개인자격으로 참가하였다. 그러면서도 이때 그는 파업투쟁에도 발을 내딛고 있었던 것이다. 조선노동연맹회가 조선노농총동맹을 발기하기 바로 앞선 1923년 7월, 그는 경성고무공장 여자직공의 파업문제에 뛰어들었다. 1923년 6월 서울 광희문 밖 남산상회의 경성고무공장 여자직공들이 동맹파업을 벌였다.[34] 이에 이준태는 7월부터 윤덕병·김남수와 더불어 그 투쟁을 지원하고 나섰다. 임

---

34) 《동아일보》 1923년 11월 13일자.

금이 삭감된 데 항의하여 경성고무공장 여자직공들이 동맹파업을 일으켰지만, 그 사실이 사회에 제대로 알려지지 않았다. 그러자 이준태와 윤덕병, 그리고 김남수는 그러한 정황을 각 노동단체에 알려, 이에 대한 공동투쟁을 유도하려는 계획을 세웠다.

이들은 우선 서울 견지동 88번지 조선노동연맹회 사무실에서 이 문제를 논의하였다. 그 결과 노동단체에 이 사실을 널리 알리기로 결의하고, 이준태는 윤덕병의 요구를 받아 같은 회관에서 원고를 기초하였다. 여덟 살이나 위인 윤덕병이 이 운동을 주도한 것으로 여겨지는 대목이다. 이준태는 윤덕병·김남수 등과 함께 자신이 작성한 초고를 바탕으로 「경성고무 여공女工 동맹파업에 대한 전말顚末」이란 시사보도 글을 쓰고, 이를 78개 노동단체에 보냈다. 그 날이 7월 10일이었다. 그런데 마침 김경묵金敬黙이 여자고무직공조합을 조선노동연맹회로부터 탈퇴시키려 공작을 벌이고자 하였다. 이 사실을 알게 된 김남수·김홍작·최완崔完·김상진金商震 등은 김경묵을 찾아가 조합의 공금을 횡령한 증거를 잡고 사실을 털어놓으라고 다그치다가 그를 두들겨 패는 일이 발생하였다.

이준태는 이로 말미암아 경찰에 붙잡혀 출판법위반으로 기소되고,[35]

---

35) ≪조선일보≫ 1923년 10월 10일자.

11월에 있은 1심에서 80원의 벌금형을 선고받았다.[36] 이 형벌은 시사보도문을 작성한 대가였던 것이다. 1923년 11월 14일 이준태와 함께 다섯 사람은 징역형 및 벌금형을 선고받았는데,[37] 이준태와 윤덕병이 각각 벌금 80원, 김남수는 징역 10월에 벌금 80원, 김홍작은 징역 10개월, 최완과 김상진은 징역 6개월이었다. 이 가운데 이준태와 김상진을 제외한 나머지 4명이 모두 항소하여 1924년 2월 8일 윤덕병과 김홍작은 벌금 30원, 김남수는 60원, 최완은 무죄 등으로 낮추어졌다. 이준태가 항소하지 않은 이유를 알 수 없지만, 그의 벌금형이 남들보다 높게 결정된 점으로 보아 그의 투쟁 정도를 헤아릴 만하다.

1923년에 그는 서울지역의 노동운동만이 아니라 전국적으로 노동운동의 활성화를 위해 노력한 것 같다. 7월에 경성고무공장 여자직공의 파업을 노동운동단체에 알리다가 일제 경찰에 붙잡혀 조사받던 이준태가 8월에 들자마자 강원도 양양에서 노동운동을 확산시키기 위해 강연활동을 벌인 장면이 확인된다. 그는 조선노농연맹회 소속으로서 8월 20일과 23일에 강원도 양양군 강현면降峴面(降仙面+沙峴面) 물치리沕淄里에서 물치노동동맹회沕淄勞動同盟會 회원들을 대상으로 강연하였다. 첫날

---

36) 「판결문」(경성지방법원, 1923년 11월 14일), 『金南洙자료집』, 집문당, 2002, 41~50쪽.
37) 「판결문」(경성복심법원형사부, 1924년 2월 8일), 『金南洙자료집』, 집문당, 2002, 37~40쪽; 「二月의 世界」, ≪개벽≫45, 1930년 3월 1일.

양양지역 강연회 보도기사(≪조선일보≫ 1923년 9월 3일자)

은 28명, 둘째 날은 31명이 강연을 들었다.[38] 그런데 일제 경찰은 청강자들이 배운 것이 없는 노동자일 뿐이어서 이해하는 자가 한 명도 없다고 낮추어 평가하였다. 그렇지만 정작 일제 경찰은 그의 발언 한 구절을 문제 삼았다.

트집 잡은 꼬투리는 "무산자無産者와 유산자有産者는 형제간이라도

---

38) 「大正 13년 管內狀況, 附 參考諸表, 大正 12年 中 道內 夏期巡廻講演調」.

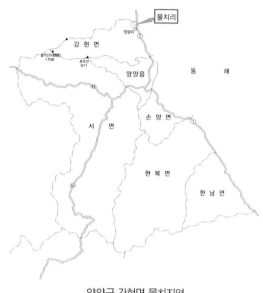

양양군 강현면 물치지역

적敵"이라는 대목이었고, 이 때문에 '구류처분 10일'이라는 것을 받고 갇혀 지냈다.[39] 그 날 이준태가 어떤 말을 하다가 이 말을 했는지, 아니면 그 날의 주제 자체가 그랬는지 정확하게 알 수는 없지만, 일단 그가 무산자계급운동이 꼭 필요하고 중요하다는 점을 주장한 것으로 풀이된다. 그리고 그가 강연모임을 가진 물치노동동맹회는 조선노동공제회 안동지

---

39)「李準泰氏 舌禍 汤溜勞働同盟에서」, ≪조선일보≫ 1923년 9월 3일자.

회와 마찬가지로 조선노동연맹회가 밀고 나가던 조선노농총동맹준비회에 발기단체로 참가하고,[40] 이어서 조선노농총동맹에 참가한 단체였다. 그러므로 조선노동연맹회와 조선노농총동맹을 연결하는 선상에서 이준태가 지방단체로 출장하여 강연함으로써 결속을 도모하고 파급효과를 드높이고자 했음을 알 수 있다. 그러다가 양양에서 경찰에 잠시 붙잡혀 지냈다.

---

40) 김준엽·김창순, 앞의 책, 78쪽.

9. 풍산소작인회 결성으로 고향의 노농운동을 시작하다

서울에서 노동운동의 선두에 나서서 활동하던 이준태는 고향의 노농
운동, 즉 노동운동과 농민운동에도 관심을 갖고 앞장서 나갔다. 확실한
증거는 없지만, 일단 그가 조선노동공제회 안동지회에도 참여한 것으로
짐작된다. 김남수가 그것을 지휘하면서 조선노동연맹회에 참여하고, 서
울 중심부에서 그 이음매이거나 연결고리 구실을 맡았던 이준태가 조선
노동공제회 안동지회에 참가하지 않을 수 없기 때문이다. 따라서 서울에
서 조선노동공제회에서 조선노동연맹회가 나뉠 때, 그 핵심에 터를 잡았
던 이준태가 조선노동공제회 안동지회를 이끌던 김남수와 이어졌고, 그
것이 곧 서울과 안동의 연결고리였던 셈이다.

그런 이준태는 안동지역에서도 새로운 장을 펼쳐 나갔다. 서울에서,

또 지방강연을 통해 익히고 넓힌 경험들을 바탕으로 고향에서 노동운동과 농민운동을 펼치기 시작한 것이다. 이를 시작할 무렵에는 아직도 판결이 진행되고 있었지만 그는 한 치도 흔들리지 않고 고향에서 발걸음을 내디뎠다. 1924년 2월 8일 경성복심법원의 판결이 있지만, 그는 항소하지 않아 1심에서 벌금형으로 결정된 상태였다.

1923년 11월 결성된 풍산소작인회가 바로 그것이다. 이 풍산소작인회가 결성된 장소는 풍산읍 안교리 85번지였고, 그 자리에서 열린 회의에서 임원과 결의사항이 확정되었다. 이준태는 그곳에서 집행위원으로 선출되었다.[41]

풍산소작인회의 조직과 활동에 지대한 영향을 미쳤던 사람은 이준태와 권오설이었다. 명칭이 소작인조합이었으나, 구성원은 소작농뿐만 아니라, 오히려 자작농·중소지주 및 진보적인 청년지식인들이 앞장을 섰다. 지도부 구성인물의 대부분이 양반출신으로, 자작농이거나 자소작농이었으며, 그 중에는 고등교육을 받은 지식인들도 있었다는 사실은 다른 지역의 소작인회와 크게 다른 점이다.[42] 선출된 집행위원을 보면, 모두 사회운동에 적극적으로 참여하던 상층인물로 이루어졌다. 다시 말해

41) ≪동아일보≫ 1923년 11월 18일자.
42) 강정숙, 「일제하 안동지방 농민운동에 관한 연구」, 『한국근대농촌운동사』, 열음사, 1988, 365쪽.

풍산소작인회 결성 장소(풍산읍 안교리 85번지)

풍산소작인회는 양반 중소지주들이 계몽적으로 농민운동을 앞서 이끈 것이고, 일본인 지주와 극소수의 한인 대지주에게 항거하고 나선 조직이었다. 따라서 풍산소작인회는 단순한 소작농민들의 단체가 아니라 항일민족운동을 겨누고 나간 단체로 평가하는 것이 옳다.

이처럼 풍산소작인회가 상층출신 신지식인이 두루 포함되었던 데는 이준태를 비롯하여 권오설·김남수·안상길 등 영향력 있는 집안 출신 청년들이 앞장섰기 때문이다. 집행위원의 명단을 확인해보면, 예안禮安 이씨(풍산 하리), 안동 권씨(풍천 가곡佳谷), 풍산 김씨(풍산 오미五美), 안동 김씨(풍산 소산素山)가 다수를 차지하였다. 집행위원들은 양반 후예

풍산들 전경

이며, 또 경제적으로는 중소지주 내지 자작농으로 보이는 계층의 인물들이 참여하고 있었다. 이는 안동이 동족마을 중심의 문중사회라는 것을 뜻하며, 1920년대 전반기 청년운동과 단체·조직이 문중을 기반으로 발생하고 있음을 보여주는 것이라 하겠다.

풍산소작인회는 이준태와 권오설의 역할을 뒤바꿔 준 것으로 보인다. 안동과 서울을 하나의 틀로 묶어 볼 때, 풍산소작인회의 조직 기반은 서울에서 활약하던 이준태가 귀향하여 활동 근거지를 마련한 것이기도 하지만, 권오설에게는 이와 반대로 서울로 나아가 활동할 수 있는 터전이 되기도 했기 때문이다. 즉 권오설이 1924년 4월 풍산소작인회 대표로 서

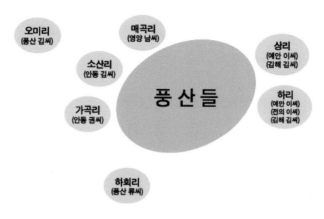

풍산들 중심의 동성마을 분포도

울로 성큼 뛰어 올라가고, 한 걸음에 조선노농총동맹의 상무위원회 위원으로 활약할 수 있던 원동력이 곧 풍산소작인회 활동과 성과 덕분이었던 셈이다. 그러면서 김재봉·김남수·안기성·권태석·류연화 등과 함께 중앙의 사회주의운동계에서 탄탄한 결속력과 응집력을 보이게 되었다.

한편, 이준태는 1923년 11월 이후 고향인 안동의 풍산에서 풍산소작인회 일을 도맡고 있었다. 그러다가 1924년 7월에 고통스런 일을 당했다. 투쟁을 벌이던 과정에서 너무 많은 동지들이 일제 경찰에 붙잡히고 심한 고통을 겪고 있었기 때문이다. 그러자 그는 얼마 전까지 서울에서 함께 투쟁하던 동지들에게 도움을 요청하고 나섰다. 1924년 7월에 들어 조선

풍산소작인회에 대한 일제의 탄압을 알리고,
조선노농총동맹의 지원을 요청한 이준태의 편지(1924년 7월 22일)

노농총동맹 본부에 도움을 청하고 나선 것이 바로 그것이다. 7월 22일에
작성된 그의 편지는 '노농총동맹 간부 여러 형님에게'라는 제목으로 시
작하였다. 내용의 핵심은 풍산소작인회에 대한 일제의 탄압상황을 조선
노농총동맹에 알리면서 변호사를 지원해달라고 요청하는 것이었다. 이
처럼 어려운 상황이었지만, 이준태는 꺾이지 않고 오히려 풍산소작인회
를 더 강하게 밀고 나갔다. 바로 그 해 10월에 열린 정기총회의 모습은
이준태가 얼마나 강한 의지로 풍산소작인회를 이끌고 나갔는지 짐작할
수 있게 해준다.

　1924년 10월 풍산소작인회 정기총회가 풍산시장에서 열렸다. 이준태
가 집행위원으로서 앞장선 이날 회의에 무려 3,000명을 넘는 대규모 군중
이 참석하였으니, 그 규모가 얼마나 대단했는지 헤아릴 만하다. 이 만큼

풍산시장

많은 사람이 모였으니, 풍산읍내를 덮고 풍산천까지 뒤덮었을 것이라 짐작된다. 그 자리에서 조선노농총동맹 가입과 소작료에 대한 결의안을 채택하였다.[43] 조선노농총동맹은 곧 이준태가 두 달 앞서 변호사 지원을 요청한 바 있는 바로 그 단체요, 자신이 서울에서 활동하던 곳이며, 장차 조선공산당 2차당 시절에는 자신이 야체이카로 소속되는 바로 그곳이었다. 이런 사실은 이준태가 풍산소작인회를 전국적인 노농운동단체 연합체에 가맹시켜 투쟁 강도를 높여 가는 데 뜻을 두고 있었음을 보여준다.

---

43) 《동아일보》 1924년 10월 21일자.

慶北安東柳豊山小作人會에서는八月一定期總會가되여야지난六月中午後一時에豊山市場에서열니엿는데出席한會員이三千五百餘名에達하얏스며男女傍聽客이數千名에達하야盛況中에總務部의報告와河回柳氏一門外他多數檢査局刑務所에送한뿌리一門萬歲로豊山小作人會萬歲를三唱하야實地로吳하야數三人의祝賀交換朗讀한後豊山小作人會의決議한後午後六時에閉會하얏다

決議事項

一、小作料는秋期作物은田四割以內沓四割五分以內春期作物은田三割以內沓三割以內로하고春期作의分配

一、小作權還收의作과災害對策의件은執委員會에一任할事

一、李宅烈金點龍金根喆庶務幹事金永鎬金投洙金龜洙等을幹會事

一、執行委員五人을更加할事

一、朝鮮勞農總同盟에加盟할事

慣習이無한地方에三ケ所前例에依할事

一、漢宜地方에出張所를設設할事

執行委員改選
李相龍、申泰雨、權永浩、李會昇、權大亨、金春根、金濤圭、金東、李守宗、權丙南、車石順、李高植、金昌吾、朴英洙、李準恭、李萬榮、金炳、李準泰、金鍾洙、安相吉、康、宋利夏、李進求、金洛英、金輪洙、邊鶴洛、金芝鉉、金文洙、李泰熙、李賢輻（豊山）

豊山小作決議

三千餘名의總會에서

풍산소작인회의 조선노농총동맹 가입 결의안 채택 관련기사

《동아일보》 1924년 10월 21일자

10. 화요회 참가와 화성회 결성

　이준태가 안동에 내려와 풍산소작인회에 온 힘을 쏟고 있던 그 순간, 김재봉은 서울에서 사회주의세력을 결집하면서 조선공산당 창당을 향해 한 걸음씩 나아가고 있었다. 1924년 2월 김재봉은 김찬과 힘을 합쳐 신흥청년동맹을 결성하였고,[44] 11월에 들어 화요회를 만들어냈다. 마르크스가 태어난 그 화요일을 가져다가 단체 이름을 정한 것이니, 이들이 추구한 방향이 무엇인지 다시 말할 필요가 없다. 그 화요회가 결성된 시기가 1924년 11월인데, 이준태가 풍산소작인회의 집행위원으로 활동하던 무렵이었다. 그렇지만 앞에서 본 김경재의 글을 통해서 이준태도 역

---

44) 「김찬 조서」, 220쪽(김준엽·김창순, 앞의 책, 201쪽에서 재인용).

화요회가 있던 곳(종로)

시 화요회의 주요인물임을 확인하였다.

서울에서 화요회가 결성되자, 이준태는 안동에서 그 지부격인 조직을 만드는 데 앞장섰다. 즉 두 달 만인 1925년 1월 안동에 화성회火星會가 결성되었다. 이름에서 당장 그 연관성을 알 수 있듯이, 화성회는 화요회 안동지회와 같은 성격을 가진 조직이었다. 창립위원은 이준태를 비롯하여 권오설·권태석·김남수 등 4인이었다.[45] 이준태가 서울에서 일찍부터 노동운동의 터를 닦은 인물이라면, 김남수는 조선노동공제회 활동을

---

45) ≪조선일보≫ 1925년 1월 11일자.

화성회 창립기사 (《동아일보》 1925년 1월 12일자)

통해 서울과 안동을 연결하는 고리였으며, 권오설은 풍산소작인회를 발판으로 삼고 노농운동의 핵심부로 진출한 새로운 인물이고, 권태석은 안동에서 기자로 있다가 1920년대 중반에 서울로 가서 함께 활동하게 된인물이었다. 이들은 서울에서 화요회를 결성하자마자, 배경세력이자 후원세력인 고향의 인물들을 모아 화성회를 조직한 것이다.

화성회는 1925년 1월 8일 11시에 안동시내 율세동, 현 신한은행 앞에있던 금남여관에서 창립되었다. 금남여관은 이미 1919년에 안상길·김재봉·이준태 등이 '조선독립단사건'이라 불리는 대한민국 임시정부 자금모집 거사를 벌이던 때 거점으로 사용된 적이 있어 널리 알려진 장소였다.

그곳에 20명 넘는 청년들이 모여 창립총회를 열었는데, 그 자리에서 이준태와 김원진 외 7인을 중심으로 집행위원회가 구성되었다.[46]

화성회 간부 조직표

성 명	소 속 단 체	기 타 사 항
이준태	풍산소작인회, 무산자동맹, 조선노농총동맹(중앙집행위원), 화요회	조공 2차당(차석비서)으로 피검(1926)
권오설	풍산소작인회, 화요회, 조선노농총동맹(중앙집행위원)	고려공산청년회. 6·10만세운동과 조공 2차당으로 피검(1926)
안상길	풍산소작인회, 조선노농총동맹(중앙집행위원)	조공 4차당으로 피검(1928)
김여원 金如源	풍산소작인회, 와룡청년회	
남동환 南東煥	일직청년회	남병세南炳世
김원진 金元鎭	안동청년회	동아일보 안동지국 기자
권태석 權泰錫	안동기자단	동아일보 안동지국장
이규호 李奎鎬	도산구락부, 예안청년회	동아일보 기자
김남수	안동청년회, 안동기자단, 안동노동공제회	동아일보 기자, 조선일보 지국장, 조공 3차당으로 피검(1928)
류연건	길안청년회, 안동기우단	조선지광朝鮮之光 안동지사 기자

창립하던 때의 간부들을 살펴보면, 크게 세 가지 특징을 보인다. 대개

---

46) ≪동아일보≫ 1925년 1월 12일자.

풍산소작인회 소속이거나 안동지역 청년회에서 활동하던 인물이거나, 또는 기자 출신이라는 점이다. 그러면서 서울에서 활동할 때 대부분이 조선 노농총동맹과 화요회 소속이었다는 점도 눈에 띈다. 따라서 화성회는 화요회의 세포조직이었고, 화요회로 대변되는 서울중심의 사회주의운동을 안동으로 그대로 옮겨놓은 조직이며, 안동지역의 노동운동을 총체적으로 지휘하는 본부 구실을 했던 단체였다. 실제 화성회가 다루고자 목표로 삼은 내용들을 보면, 노농운동·청년운동·형평운동 등 안동지역 사회운동을 모두 담았음을 알 수 있다. 특히 프로문고를 설치한다는 점은 그들이 가늠하던 방향을 분명하게 보여주는데, 그 내용은 다음과 같다.[47]

1) 매월 1일의 월례회를 개최(開催)하며, 강연회 및 연극을 수시 순회 개최할 사.

2) 소작운동과 노동운동에 대하야 그 근본정신을 민중에 이해케하며 적극적으로 응원할 사.

3) 청년운동을 촉진할 사.

4) 적의한 지방에 청년단체를 조직케 할 사.

5) 기성 청년단체의 내용에 결함이 있을 시에는 이를 개혁케 할 사.

6) 청년운동의 통일에 노력할 사.

---

47) ≪조선일보≫ 1925년 1월 13일자.

7) 형평운동에 대하야 그 근본정신을 민중에게 이해케 하며 적극적으로 응원할 사.

8) 전前 안동노동공제회의 사실을 소상히 조사하야 사회에 공개할 사.

9) 프로문고를 설치할 사.

이준태로서는 1924년이 풍산소작인회에 모든 힘을 쏟아 부은 해라면, 1925년은 풍산소작인회를 주도해 가면서도 제1차 조선공산당에 참가하고 화성회를 통해 지역 사회주의운동에도 힘을 쏟던 시기였다. 1925년 1월에 들어서자마자 화성회를 조직하는 데 앞장선 그는 동지들과 함께 강연회를 열어 안동지역 청년들을 지도하였다. 화성회가 창립하자마자 개최한 강연회에서 이준태는 김남수·권오설·김원진 등과 함께 강연하였다. 그 자리에서 이준태가 맡은 주제는 '노농운동勞農運動의 의의'였다. 참고로 이 날의 강연자와 주제를 보면 다음과 같다.[48]

김남수 : 사회운동의 본류

이준태 : 노농운동의 의의

권오설 : 『리부크네히트』와 『룩셀부르크』

김원진 : 무산계급의 활로

---

48) ≪조선일보≫ 1925년 1월 13일자.

II. 제1차 조선공산당 입당과 안동지역 노농운동 주도

안동에서 화성회가 본격적으로 가동되던 무렵인 1925년 4월 17일 서울에서 조선공산당(1차당)이 창당되었다. 그리고 다음날 고려공산청년회가 결성되었다. 5월 이준태는 조선공산당에 입당하였다. 창당과정에서 그가 중심에 있지는 않았기에 입당 시기도 조금 늦었다. 비록 그가 김재봉의 활동 터전 마련에 기여하였지만, 창당 논의과정에서는 주변부에 있다가, 김찬의 권유에 따라 입당하였다.[49] 그 이유는 그가 안동지역의 노농운동에 힘을 집중시키고 있었기 때문이라 생각된다.

그렇다면 이준태가 1차당 창당과 초기 활동기에 안동지역에서 활약한

---

49) 「김찬 신문조서(12회)」, 서대문형무소, 1926년 11월 16일.

이유가 무엇일까? 자료가 없어 분명하게 단정하기는 힘들지만, 일단 다음 두 가지를 떠 올려 볼 수 있다. 하나는 서울의 활동을 지원할 지방의 기초조직을 마련하는 것이다. 풍산소작인회와 화성회를 통해 안동지역 대중운동을 확고하게 만들면서 새 인물을 서울로 진출시켜 세력을 강화시키는 것이, 그가 맡은 역할이 아닌가 여겨진다. 또 하나는 1차당이 위험에 빠질 경우, 이를 이어나갈 예비간부를 중앙에서 격리시킨 것이라 짐작되기도 한다. 서울의 상황이 빠르게 변하는 상황이었지만, 그가 1차 조선공산당이 무너질 때까지 철저하게 안동지역의 노동·농민운동에만 전념한 사실이 그러한 정황을 말해주는 것 같기 때문이다.

1925년 초반 이준태는 화성회와 풍산소작인회 활동에 부지런히 움직이고 있었다. 1월 화성회를 결성한 뒤, 2월 화요회가 주최하는 전조선민중운동자대회의 준비위원으로서 활동하고,[50] 4월 제1차 조선공산당이 결성되자 5월에 김찬의 권유에 따라 입당하였다. 그리고 바로 5월 6일 화성회 총회에서 집행위원으로 선출되었다.[51] 그의 활동이 안동과 서울에서 활발하게 펼쳐졌음을 알 수 있다.

1925년 8월 그가 힘을 기울인 풍산소작인회에 커다란 결실이 있었다.

---

50) 《조선일보》 1925년 2월 18일자.
51) 《동아일보》 1925년 5월 21일자.

풍산학술강습회 청강생 명부와 지출장

8월 28일 안동 풍산의 안교동(현재 안동시 풍산읍 안교리, 읍소재지)에 풍산소작인회관을 준공하고 낙성식을 가진 것이다. 학술강습회가 열리던 자리에 회관을 세운 것으로 전해지고 있다. 이때 이준태는 학술강습회를 지원했다고 알려진다. 권오설이 풍산읍내에서 열었던 풍산학술강습회에 찬조했다는 기록이 이를 말해준다.

풍산소작인회관 준공식에 참석한 인원은 5천여 명이었다. 한 해 전에 총회에 참석한 인원이 3천명이었으니, 대성황을 이룬 것을 알 수 있다. 이준태의 위상은 상무집행위원이라는 직책뿐만 아니라, 그 날을 전해주는 신문 기사에서도 두드러진다. 그 신문 기사를 보면 준공식이 시작되자마자 전체를 대표하여 식사式辭를 맡은 인물이 바로 이준태였다. 그 자리에 이회승李會昇·권오설·이준덕李準悳의 감상 연설이 있은 뒤, 여러 단체의 대표가 축사를 하였다. 특히 축사를 맡은 인물로 안동청년연맹의 김우전金雨田(김남수), 화성회의 김원진만이 아니라, 백정신분 해방운동을 펼치던 형평사衡平社 경북 제2지사 김도천 등이 들어 있어 눈길을 끈다. 낮은 신분 출신의 인물에게 축사를 맡긴 것도 파격적이거니와, 이준태를 비롯한 주역들의 혁신적인 자세를 확인시켜주는 장면이기도 하다. 더구나 바로 뒤에 말할 것이지만, 형평사 예천분사의 참혹한 사건이 벌어진 시기라는 점이 특히 더 그러하다. 그리고 수천 군중이 적색기와 악대를 선두로 시가지를 누비며 만세시위를 벌였다는 점에다가,[52] 적색기와 악대의 존재가 흥미롭다.

화성회가 1925년 중후반에 들어 두 가지 큰 사건과 마주하면서 이준태의 발걸음도 바빠졌다. 하나는 8월에 발생한 '예천사건'이고, 다른 하나는 11월에 터진 '도산서원 소작인 태형사건'이었다.

'예천사건'은 예천면민들이 백정의 신분해방운동을 짓밟은 일이었다. 1923년 진주에서 백정의 신분해방을 목적으로 형평사가 조직되자, 예천에도 분사分社가 만들어졌다. 1925년 8월 형평사 예천분사가 창립 2주

---

52) ≪동아일보≫ 1925년 8월 28일자; ≪조선일보≫ 1925년 9월 1일자.

년을 기념하여 읍내 강변에서 강연회를 열었는데, 축사를 맡은 예천청년회장 김석희金碩熙는 축하하는 말이 아니라 오히려 형평사원들의 출신 문제를 건드리면서 자극하여 격분시키는 말들을 쏟아놓았다. 그러자 형평사원 몇 사람이 김석희를 향해 큰 목소리로 반박하는 일이 생겼다. 신분사회가 끝났다고 하지만, 아직도 그 잔재가 사실상 고스란히 남아있었음을 보여준다.

이날 밤부터 이틀 동안 형평사원들이 기습당하여 사상자가 발생하는 사건이 터졌다. 이를 '예천사건'이라 일컫는다. 기습한 세력은 예천청년회와 예천노농회였다. 다른 지역의 청년회와 노농회는 혁신적인 변화를 보여 농민·노동운동을 펼쳐나갔지만, 예천에서는 오히려 이들이 신분해방운동을 펼치던 백정출신들을 짓밟은 것이다. 자신보다 아래에 있던 인물들이 고개를 들고 일어나는 것을 그냥 지켜볼 수 없던 모양이다.

이 사건이 터지던 자리에는 서울에서 온 이소而笑와 장지필張志弼 등 형평사중앙본부 대표가 참석하고 있었다. 이들은 예천면민들의 공격을 받아 중상을 입었다. 이에 안동 군자리 광산 김씨 탁청정 출신 김남수가 이들을 안동으로 급히 옮겨와 입원시킴으로써 생명을 구할 수 있었다. 이에 김남수는 ≪조선일보≫ 기사를 통하여 전국에 상세하게 사건 내용을 알렸고, 전국에서 예천청년회를 공격하는 분위기를 끌어냈다.

예천사건 대책준비 기사 (《조선일보》 1925년 8월 25일자)

이 과정에서 이준태도 형평사를 돕고 나섰다. 그는 예천사건이 일어
나던 그 날 이소·장지필·김남수 등과 함께 그 자리에 참석했다가, 형평
사원들과 예천면민 사이에 충돌이 일어나는 것을 보고, 이를 중재하고
자 애썼다. 특히 예천청년회와 예천노농회가 형평사원을 공격하려고 500
명이나 모여들자, 그는 여기에 나서서 그들을 진정시키려고 하였다. 그렇

예천형평사건 대책집회에 관한 경찰보고(1925년 8월 20일)

지만 끝내 선동에 넘어간 예천면민들의 공격으로 형평사원들이 크게 피해를 입었다.

　이러한 정황은 1925년 8월 19일에 김남수가 보고한 내용을 통해 확인된다. 서울 제동齊洞 84번지에 있던 경성청년회에서 조선노농총동맹 외 14개 단체 대표가 모여 '경북 예천 형평분사원 대對 지방민의 충돌사건에

관한 대책회의'가 열렸을 때 김남수가 현장의 상황을 보고했던 것이다.[53]

안동으로 돌아온 이준태는 이 사건에 대응하기 위해 12개 단체 연합
회의에 참석하였고, 집행위원 15인 가운데 한 사람으로 활동하였다. 8월
21일에 안동청년회관에서 열린 회의에서 이준태는 임시의장을 맡아 사
건 개황을 보고하고 대책을 논의하는 데 앞장섰다. 그리고 화성회관에
서 열린 대책회의에서 류연건과 김원진을 현장에 파견하여 내막을 조사
하도록 결정하였다. 이 회의에 참가한 12개 단체와 그 집행위원을 살펴
보면, 당시 안동의 사회운동 주체의 면면을 확인할 수 있다.[54]

12개 단체 : 화성회·풍산소작인회·안동청년회·일직청년회·와룡청년
회·길안청년회·예안청년회·풍산신흥청년회·도산구락부·지호志湖동
우구락부·면려청년회·장학단

15인 집행위원 : 박영수朴永壽·권태석權泰錫·김원진·**이준태**·이회승·
안승철安承喆·이운호·이준문李準文·남동환·이원락李源洛·권중렬權重
烈·류연건·김진윤金晉潤·안상길·김명섭金明燮

---

53) 「醴泉衡平社事件對策執行に關する件」, 京鍾警高秘 제9307호의 1, 1925년 8월 20일.
54) ≪조선일보≫ 1925년 8월 25일자. 기사 가운데 李雲湖는 李雲鎬의 잘못이다.

이후 안동의 사회운동단체는 이 문제를 집요하게 추적하고 이를 전국에 알려서 대응했던 중심축이었다. 그 핵심에 김남수, 이를 지원하는 위치에 이준태가 서 있었다.

12. 도산서원 철폐운동

1925년 11월 풍산소작인회를 비롯한 안동의 사회운동단체는 '도산서원 소작인 태형사건'이란 커다란 문제에 마주하게 되었다. 앞서 도산서원의 토지를 소작하던 소작인 가운데 몇 명이 소작료를 제때 납부하지 않을 뿐만 아니라 거듭 독촉해도 응하지 않자, 도산서원의 유사들이 그 소작인들을 도산서원에 불러 들여 '태형'을 집행한 사건이다. 태형은 관청에서 범인을 붙잡아 엎드리게 하고 큰 몽둥이로 볼기짝을 두들겨 패는 것이다. 3·1운동이 일어났을 때 시위에 나선 한국인들을 태형으로 매질하여 짓밟았던 조선총독부도 1920년에 들어서는 폐지했던 형벌이 바로 '태형'이었다. 그런데 1925년에 소작인들을 태형으로 다스렸다는 사실은 이 무렵 안동지역에서 노동·농민운동을 벌이고 있던 인물들에게 충격을 주기에 충분하였다. 이에 맞서 치고 나온 대응이 바로 도산서원 철폐운동이었고, 안동지역 사회단체들이 모두 여기에 동참하였다.

이 사건은 소작투쟁과도 관련된 것이므로 이준태가 이끌던 풍산소작인회가 앞장을 서는 것은 당연하였다. 그래서 안동에서 가장 규모가 큰 단체인 풍산소작인회와 안동의 사회운동과 사회주의운동을 지휘하던 화성회를 비롯한 대부분의 사회운동단체가 결속하여 대항하였다. 그들의 대응이 바로 도산서원 철폐였다. 이것은 단순한 서원철폐가 아닌 전통적인 지배질서에 대한 도전이었다. 이 도산서원이 가지는 높은 상징성 탓에 이 운동은 모든 사람들의 눈길을 끌기에 충분했다.

풍산소작인회는 사건 소식을 듣자마자 경고문을 발송하였다. 그러나 아무런 답이 없자, 11월 10일 풍산소작인회관에서 긴급 집행위원회를 열고, 별도로 전문위원회를 구성하여 이 문제를 엄중하게 처리한다고 결의하였다. 이준태는 전문위원 13명의 명단 가운데 맨 앞에 기록되었다.[55]

이준태·권대형權大亨·이용만李用萬·한한성韓漢成·권영호權寧昊·김주섭金胄燮·김락한金洛漢·이유태李惟泰·이상봉李相鳳·강봉석姜鳳碩·전병종全炳琮·황극련黃克鍊·유준劉準

---

55) 이날 회의에서 전라남도 신안군 都草島에서 발생한 소작쟁의에 대해서도 토의한 결과, 격문을 발송하고 위로금을 보내기로 결의하였다(≪조선일보≫ 1925년 11월 14일자).

陶山書院事件으로
專門委員會組織

豊山小作人會의 緊急會에서
都草事件外지 討議決定

慶北安東郡陶山書院에서時代의 如何함도不拘하고無理히小作人 에게舊꿰을加한야 同郡豊 山小作人會에서는 昨年文會을發 送하얏다함은 이미報道한바어니 와退溪書院들을쓴그子들은조금 도改悛의希望함이업고 要求期限이 발서지벗스나何等의謝過도업슴 으로豊山小作人會에서는 더욱憤 慨하야지난十日同會舘內에서緊 急委員會를열고積極的手段 을取하기為하야專門委員들別 로組織하야 嚴重히處理하기로한

後都草島小作爭議에斷하야도李 會映氏의事實顚末報告가잇슴後 長時間討議한結果會文을發送 는同時에同情의뜻을더신으로 慰藉金을付送하기로하얏는대被 選된專門委員氏名은如左하다더

라

◇專門委員
李準泰 擇大亨 李用萬 韓
漢成 權寧吳 金洛浚 金胃柒
漢泰 李作泰 李相鳳 姜鳳頣
全柄琮 黃克鍊 劉璉

（陶山）

도산서원사건 전문위원회 조직 보도기사(《조선일보》 1925년 11월 14일자)

12. 도산서원 철폐운동　97

그 달 11월 이준태는 또한 풍산소작인회 상무집행위원이 되어 조직을 이끌었다. 이 사실에서도 풍산소작인회에서 가진 그의 위상을 확인할 수 있다. 11월 11일 제4회 정기총회를 마치고 14일 집행위원회를 개최하였다. 이준태는 임시의장으로서 사회를 맡았고, 그 자리에서 선출된 9명의 상무집행위원 가운데 한 사람으로 뽑혔다. 이준태는 서무부와 재무부 및 조사부로 구성된 상무집행위원회에서 이회승과 함께 서무부를 담당함으로써 사실상 대표직을 맡은 것으로 이해된다.[56]

서무부 : **이준태** · 이회승

재무부 : 이창직李昌稙 · 권대형 · 황극련

조사부 : 이회원李會源 · 조용성趙鏞聲 · 이용만 · 이상봉

11월 23일에는 화성회를 비롯한 6개 단체가 연합회의를 열었다. 신문기사에서 확인되는 단체가 화성회와 안동청년연맹이지만, 풍산소작인회가 들어간 것은 당연한 일이다. 이들은 도산서원을 '민중의 방해물'이라 정의하면서, 다음과 같은 결의사항을 채택하였다. 첫째 도산서원을 철폐할 것, 둘째로는 직접 폭행한 사람과 이를 두둔하는 반동세력의 명부를 작성하여 공개하는 것, 셋째 애매한 이유를 내걸고 '도산서원죄악성토강

---

56) ≪조선일보≫ 1925년 11월 18일자.

연회'를 금지한 경찰을 탄핵한다는 것이 그 핵심내용이다.[57] 여기에 참가한 연합위원 25명의 명단은 다음과 같다.

김진윤·이회승·권정갑權鼎甲·박석규朴錫圭·류연건·김남수·안상길·
배세표裵世杓·유준·이기현李基賢·이금경李錦卿·유복동劉福童·류연
술柳淵述·김경한金慶漢·**이준태**·오성무吳成武·김원진·남동환·이여
원·김석동金石東·김세로金世魯·이창직·조용성·이호윤李鎬允·김연한
金璉漢

---

57) ≪조선일보≫ 1925년 11월 26일자.

13. 제2차 조선공산당과 조선노농총동맹을 책임지다

안동에서 사회운동에 온힘을 쏟아 붓고 있던 이준태는 1925년 11월 중순경 서울로 무대를 옮겼다.[58] 제1차 조선공산당이 무너질 때 김재봉이 그를 후계자로 지목하여 상경시켰기 때문이다. 그때 김재봉은 쫓기고 있었다. 윤덕병과 진병기陳秉基 등이 신의주경찰서에 붙잡혀 들어가면서 1차당의 존재가 드러나는 것이 시간문제였다. 12월 10일 무렵 김재봉이 김찬과 피신문제와 후계자 문제에 대해 논의하였다. 그 결과로 이준태가 1차당을 이어받아 2차당을 이끌어 가는 핵심인물이 되었다.

이준태가 일을 맡는 과정은 크게 세 단계로 나뉜다. 첫째는 이준태가

---

58) 「피의자 신문조서(5회)」, 종로경찰서, 1926년 8월 4일.

강달영과 함께 김재봉을 만나, 김재봉과 김찬의 의논 결과를 들은 것이다. 김재봉은 김찬과 후계자에 대해 의논한 결과, 즉 책임비서 강달영을 비롯하여 이준태·홍남표·이봉수·김철수 등 5명을 선정한 사실을 설명하였다. 그리고 그는 "홍남표와 김철수 및 이봉수를 만나 일동이 간부가 되어 서로 도와 공산당을 위하여 진력해 달라."고 부탁하였다.[59]

둘째 단계는 구체적으로 5명이 모이고 역할을 분담하는 과정이다. 여기에서 이준태는 조직과정의 중심축이 되었다. 김재봉은 강달영에게 후임을 맡아달라고 요구하여 승낙받은 뒤, 상세한 내용은 이준태와 협의하라고 주문하면서 큰 틀만 정한 뒤 업무를 넘겨주었다. 강달영으로부터 그러한 사실을 들은 이준태는 함께 힘을 모으자는 요구를 받아들였고, 이에 강달영은 일단 고향 경남 진주로 돌아갔다.[60]

이준태는 강달영이 귀향한 그 사이에 김재봉과 김찬이 지명한 인물들을 만나 의견을 나누었다.[61] 그리고서 강달영이 서울로 돌아오기를 기다리며

59) 김재봉 진술, 「김재봉 외 19인 조서(3회)」, 1091~1094쪽; 「김찬 조서」, 54~55쪽(김준엽·김창순, 앞의 책, 378쪽에서 재인용).

60) 경성지방법원 검사국, 「第2次朝鮮共産黨事件檢擧に關する報告綴」, 1926, 143~144쪽(김준엽·김창순, 앞의 책, 380쪽에서 재인용).

61) "작년(1925) 12월 중순경에 부내 관훈동 29번지 具然欽의 집에 집합하였다. 그 집합방법은 내가 홍남표 및 이봉수에게 통지하고, 이봉수는 김철수를 대동하였다. 강달영은 시골에서 귀경하였던가 그 여부는 잘 모르겠다." (「강달영 외 48인 조서」, 354~355쪽, 김준엽·김창순, 앞의 책, 383쪽에서 재인용).

조직을 마무리했다.[62] 그는 김재봉의 이야기를 좇아 조선공산당의 도장을 홍덕유가 보관하고 있다는 사실을 강달영에게 전했다.[63] 이러한 그의 행적은 대개 1925년 12월 중순 이후 다음 해 1·2월 사이에 벌어진 내역이다.

한편 이준태는 1925년 12월에 불기소 처분을 받기도 하고, 이듬해 1·2월에는 거듭 경찰에 소환되기도 하고 벌금형을 받는기도 했다. 1월에는 구체적으로 어떤 사건인지 확인되지 않지만, 조선노농총동맹 상무집행위원이라는 신분으로 이준태가 서울 종로경찰서에 불려갔다.[64] 하지만 이 당시 그가 2차당을 결성하고 있었는데, 그 사실은 전혀 드러나지 않았다. 이어서 2월 6일에는 대구복심법원 안동지청에서 명예훼손죄로 부과된 50원의 벌금을 완납한 일이 있었다.[65] 이회승·류연건·김진윤·남동환·안상길·김남수 등 안동의 사회주의 계열 인사들이 함께 엮였던 점으로 보아, 이것이 도산서원 철폐운동이나 풍산소작인회, 또는 화성회와 관련된 것이 아닌가 짐작된다.

세 번째 단계는 이준태가 차석비서로서 활동한 것이다. 2차당은 1926년 2월 중순 부서를 조직하였다. 중앙집행위원 5인이 참석하여 비서부·

---

62) 「피의자 신문조서(5회)」, 종로경찰서, 1927년 8월 4일.
63) 이준태 진술, 「강달영 외 48인 조서」, 353~354쪽(김준엽·김창순, 앞의 책, 381쪽에서 재인용).
64) ≪조선일보≫ 1926년 1월 15일자.
65) 「피고인 신문조서」, 서대문형무소, 1926년 11월 15일.

조직부·선전부 등 3개 부서를 두기로 결정하였는데, 비서부에 강달영·이준태, 조직부에 김철수·홍남표, 선전부에 이봉수 등이 배치되었다.[66] 비서부에서는 강달영이 책임비서요, 이준태가 차석비서를 맡았다.

이어서 3월에 열린 6회 중앙집행위원회에서는 북풍회·화요회·조선노동당·무산자동맹 등 4단체가 해체하여 통합하기로 결의하면서, 고려공산청년회 간부 1명을 조선공산당의 중앙집행위원으로 정하는 당규대로 권오설을 간부로 보선하고, 1차당 시절부터 당원으로 활동하던 전정관 全政琯(전덕全德)을 더 뽑아, 중앙집행위원은 모두 7명으로 늘어났다.[67] 이들은 한 마디로 요약하면 화요회계와 조선노농총동맹의 간부 및 언론계 중견이라고 정리할 수 있다.[68]

이 무렵 안동출신 인물이 추가로 입당하게 되었는데, 1926년 2월 류연화柳淵和가 2차당에, 권오설의 가까운 친척이자 같은 마을 출신인 권오상權五尙은 4월 고려공산청년회에 입당하였다. 2차당의 조직 내용은 다음 표와 같다.

---

(66) 「강달영 외 48인 조서」, 21~34·355쪽(김준엽·김창순, 앞의 책, 382쪽에서 재인용).

(67) 김준엽·김창순, 앞의 책, 383~384쪽.

(68) 이준태·강달영·권오설 : 화요회와 조선노농총동맹 중앙집행위원, 1차당
    이봉수 : 동아일보 경제부장, 꼬르뷰로 국내부 간부
    김철수·이봉수 : 국내대표로 상해 고려공산당 결당대회 참가
    전정관 : 1차당, 권오설과 밀접

제2차 조선공산당 조직[69]

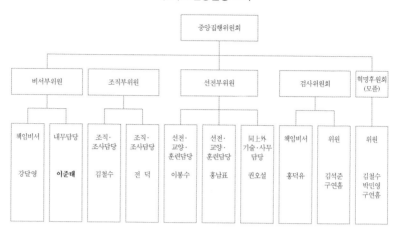

2차당 시절 이준태는 차석비서로서 중앙집행위원회의 중심축에서 움직였다. 그가 작성한 〈조선공산당 중앙집행위원회 비서부 일기〉는 날마다 2차당의 핵심부가 움직이던 모습을 보여준다. 예를 들자면, 1926년 3월 13일 기록에는 "그 앞날까지 마무리 짓지 못한 설명서를 권철(이준태) 동지로 하여금 정사淨寫시킴에 아직 마치지 못해 오늘 발송할 수 없다."고 적혀 있다. 그런 뒤로 이를 기록하는 일이 권철, 곧 이준태의 임무였음을 보여준다.

---

69) 1926년 7월 강달영 체포 당시의 조직이다(김준엽·김창순, 『한국공산주의운동사』2, 청계연구소, 1986, 384~385쪽).

이준태는 비서부 일을 도맡으면서 국제공산당에 예산안을 보내 지원을 요구하였다. 물론 책임비서 강달영이 대표로서 서명하였지만, 실제 내용은 이준태가 작성하였다. 조선공산당 중앙집행위원회가 국제공산당에 요구한 예산안 문서가 이준태의 친필로 작성된 것이 그러한 정황을 알려주고 있다. 1926년도 예산안은 1926년 4월 1일부터 1927년 3월 말일까지 1년을 기한으로 잡았다. 3월 17일자로 청구서가 작성되었는데, 예산안을 한 장에 네 가지 큰 영역으로 정리한 관별款別 내용에 이어, 항목별로 정리한 내역, 그리고 예산안 설명서가 덧붙여졌다.

1926년도 예산은 당대회비·당기관비·사업비·예비금 등 네 가지 항목에 총액은 363,800원이었다.

1926년도 조선공산당 예산안

부 서	인 물	부 서
당대회비	3,600원	당대의원 30인 소집비, 대회 제잡비
당기관비	134,840원	중앙기관부, 도기관부, 만주부, 임시일본부, 임시상해부, 임시해삼위부 등의 임원 생활비, 사무소 운영비 등
사 업 비	215,360원	당선전비(인쇄소 설치 등), 교양비(레닌학교비·모범노농학원비 등), 민족운동幇助費(국민당조직비; 비타협적), 군사비(군사비·붉은 테로비), 부분운동비(노동·농민·형평·여성·학생)
예 비 금	10,000원	
합 계	363,800원	

이 내용은 제2차 조선공산당이 펼쳐나가려던 활동 내용과 방향을 가늠해 준다. 당 대회를 열고, 중앙조직과 지방조직 및 해외조직을 운영해 나가려던 것, 그리고 인쇄소를 설치하여 선전활동을 펼친다거나 인력을 양성하며, 비타협적인 민족운동과 연대한다는 것, 그리고 군사력을 기르며 각 분야별 운동을 지원한다는 내용이 그것이다. 이렇게 목표를 설정하고 활동을 추진했지만, 6·10만세운동을 거치면서 꿈은 제대로 이루어지지 못하고 말았다.

이준태는 2차당을 조직하는 과정에서 권오설과 함께 중추적인 구실을 했다. 9회 중앙집행위원회에서 이준태는 권오설과 함께 조선노농총동맹 상무집행위원회 개최건을 위임받았다. 그리고 이준태와 권오설의 결속도 강했다. 서울콤그룹과의 합동문제를 조직부장이던 김철수가 찬성했지만, 이준태와 권오설이 당대당黨對黨의 통합에 반대함으로써 그것이 이루어지지 않은 사례에서도 그러한 면을 엿볼 수 있다.[70] 그렇게 보면, 2차당의 세력은 이준태·권오설이 장악했던 것이다. 이들은 나라밖으로 망명한 김찬·김단야 등과 연결되어 조선공산당과 고려공산청년회를 틀어쥐고 있었음을 확인할 수 있다. 또 권오설은 상하이에 자리

---

70) 김철수 인터뷰(김준엽·김창순, 앞의 책, 439~440쪽).

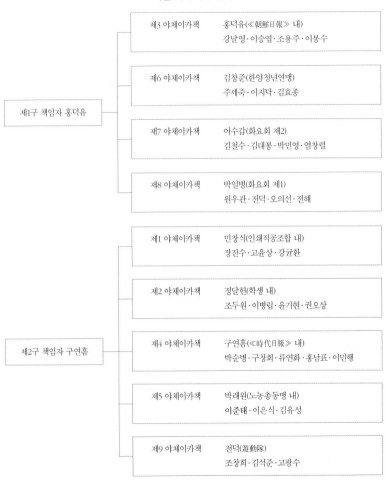

서울 야체이카 부서표[71]

제1구 책임자 홍덕유

제3 야체이카책　　홍덕유(≪朝鮮日報≫ 내)
　　　　　　　　　강달영·이승엽·조용주·이봉수

제6 야체이카책　　김창준(한양청년연맹)
　　　　　　　　　주세죽·이지탁·김효종

제7 야체이카책　　어수갑(화요회 제2)
　　　　　　　　　김철수·김대봉·박민영·염창렬

제8 야체이카책　　박일병(화요회 제1)
　　　　　　　　　원우관·전덕·오의선·전해

제2구 책임자 구연흠

제1 야체이카책　　민창식(인쇄직공조합 내)
　　　　　　　　　장진수·고윤상·강균환

제2 야체이카책　　정달헌(학생 내)
　　　　　　　　　조두원·이병림·윤기현·권오상

제4 야체이카책　　구연흠(≪時代日報≫ 내)
　　　　　　　　　박순병·구창회·류연화·홍남표·이민행

제5 야체이카책　　박래원(노농총동맹 내)
　　　　　　　　　이준태·이은식·김유성

제9 야체이카책　　전덕(遊動隊)
　　　　　　　　　조창희·김석준·고광수

71) 김준엽·김창순, 앞의 책, 401쪽.

잡은 조선공산당 임시상해부에서 들어오는 자금을 관리하고, 이준태는 조선공산당의 조직을 손에 쥐고 있었다. 그러니 이 두 사람이 2차당을 사실상 완전히 움켜쥐고 있었던 셈이다.

한편 2차당은 분야별·지역별로 야체이카를 설치하여 1차당에 비해 조직적인 면모를 보였다. 이는 예산안에서도 드러나는 조직이기도 했다. 이준태는 서울지역에 설치된 9개 야체이카 가운데 조선노농총동맹 담당인 제5야체이카에 소속되어 활동하였다.

그리고 2차당은 5종의 프락치 조직을 두고 있었다. 학생·노농·언론기관·사상·여성 등 다섯 가지의 직업신분에 따라 나뉜 것이다. 이준태는 이 가운데 노농부와 언론기관부 두 곳에 소속되어 있었다.

2차당의 프락치 조직[72]

부서	인물
학생부	정달헌·조두원·이병립·윤기현·**권오설·권오상**
노농부	박래원·**이준태**·강달영·이은식·김유성·홍남표·이승엽
언론기관부	홍덕유·이봉수·구연흠·박순병·구창회·**류연화**·박래원·어수갑·배성룡·원우관·**이준태**·염창렬
사상부	박일병·오의선·전　해·홍덕유·홍남표·박순병
여성부	주세죽

* 굵은 글씨는 안동출신 인물

---

72) 김준엽·김창순, 앞의 책, 404쪽.

지방의 당 조직 건설에서도 이준태의 역할이 눈에 띈다. 지방의 당 조직도 서울의 그것과 마찬가지로 2차당이 1차당보다 훨씬 활발하였는데, 파쟁이 없고 당 간부 규합이 잘 되어 그러했다. 이준태는 강달영과 함께 지부 조직에 힘을 쏟았는데, 마산의 김명규金明奎에게 경남 도간부 및 조직을, 광주 신동호申東浩와 순천 김기수金基洙에게 전남 도간부 및 조직을 임명하기로 시달한 점은 그 하나의 사례이다.[73]

한편, 당시 이준태의 활동이 안팎으로 널리 알려지면서 위험한 상황이 발생기도 했다. 1926년 4월 1일 계동 123번지 권오설이 머물던 집에서 11회 중앙집행위원회가 열렸는데, 이 자리에서 그에게 맡겨진 모든 당무를 정지시키자는 결의가 나온 것이다. "이준태의 행동에 관하여 북풍회원 및 그 밖의 사람들이 공산당조직의 내면운동에 분주하고 있다는 설이 돌고 있다."는 것이 그 이유였다. 이후 이준태의 직무는 전덕이 대행하게 되었다. 그러한 상황은 그에게만 해당되는 것이 아니었다. 홍남표와 강달영에게도 개인적인 여행을 허용하되 당무는 정지시킬 정도였다.[74] 1차당 이후 일제 경찰의 감시가 심한 상황이기도 했지만, 이 사실은 반대로 그들의 활동이 상당히 진척되었음을 의미하기도 한다.

---

73) 김준엽·김창순, 앞의 책, 398쪽.
74) 김준엽·김창순, 앞의 책, 390~391쪽.

1925년 말에 제2차 조선공산당을 맡기 위해 상경한 뒤로, 이준태는 2차당의 표면단체인 조선노농총동맹을 주도하기도 했다. 또 그는 2차당 활동에 전념하던 1926년 전반기에 조선노농총동맹 활동도 이끌고 있었다. 1925년 한 해 동안 안동에서 노농운동에 힘을 다하던 그가 김재봉의 부름을 받고 서울에 가서 2차당을 결성하고 주도하면서, 이를 뒷받침할 세력으로 조선노농총동맹을 장악하고 이끌었던 것이다.

1926년 3월 30일 그는 건지동 시천교회당侍天敎會堂에서 24명의 중앙집행위원이 모인 간담회에서 사회를 맡았고, 박래원·이충모·김기완·김기주 등과 더불어 5인의 집행부를 구성하였다. 여기에서 그는 21개 내용의 경과사항을 보고하였다. 그 가운데에는 안동에서 벌이다가 상경하는 바람에 중단한 '도산서원에 대한 결의문'도 들어 있었고, 또 예천사건 때문에 그가 1925년 12월 20일과 24일에 안동으로 출장 다녀온 내용까지도 포함되었다.[75] 게다가 3월 5일에 소집했던 회의가 사전에 경찰에게 알려지지 않았다는 이유로 그가 종로경찰서에 불려가 취조받은 사실도 보고되었다.[76] 따라서 2차당 활동기간 동안에도 이준태가 조선노농총동맹과 안동의 도산서원 철폐운동 및 예천사건에 대해 투쟁을 계속하고 있었음을 확인할 수 있다.

---

75) 도산서원 철폐운동과 예천사건에 대해서는 앞 장에서 상세하게 설명하였다.
76) 「朝鮮勞農總同盟第七回中央執行委員懇談會に關する件」, 京鍾警高秘 제3202호의 1(1926년 3월 30일).

14. 6·10만세운동이 일어나다

1차당의 붕괴과정에서 김재봉의 부름을 받아 이준태가 서울에 도착한 사실을 이미 앞에서도 이야기하였다. 1925년 12월에 서울에서 김재봉을 만난 그는 2차당 결성의 책임을 맡았고, 이를 실행에 옮겨 당 결성과 조직 확산에 힘을 쏟았다. 6·10만세운동의 주도자였던 권오설도 그 과정에서 중앙집행위원과 고려공산청년회 책임비서가 되었다.

이들은 당초 메이데이 기념일에 시위운동을 대규모로 펼치려고 계획을 세웠다. 그러던 가운데 4월 25일 융희황제 순종이 세상을 떠나자, 인산일에 대규모 민중봉기를 일으키는 방향으로 계획을 바꾸었다. 마침 임시상해부에서는 김찬이 전덕과 권오설을 중앙간부로 보충하라면서, 또

6·10만세운동 당시 순종 장례모습

순종의 국장일에 만세시위를 일으키라는 지시를 내렸다.[77] 이 문제를 논의한 주체가 2차당 중앙집행위원회였다.

시위를 이끌고 가는 주역으로 2차당보다는 고려공산청년회가 그 임무를 맡기로 하였다는 것이 정설이다. 2차당 중앙집행위원회가 당시 당 차원에서 시위를 끌고 갈 경우 뿌리가 약한 당 자체가 무너질 것이라고

77) 강달영 진술, 「강달영 외 48인 조서」, 395쪽; 이준태 진술, 「강달영 외 48인 조서」, 365쪽(김준엽·김창순, 앞의 책, 418쪽 재인용).

판단하여, 권오설이 고려공산청년회 차원에서 이 문제를 진행시켜 나가기로 했다는 것이 그 이유이다. 이러한 견해는 "1926년 5월 중순 무렵 조선공산당 중앙집행위원회에서 권오설이 국장國葬 당시 조선독립에 관한 불온문서를 인쇄·살포하고 독립운동을 일으킬 계획을 발의했으나 찬동을 얻지 못하자, 권오설이 단독으로 결행하기로 했다."는 신문조서 내용에 바탕을 둔 것이다.[78] 그러므로 그럴 듯하게 여겨지기도 한다.

이에 반해 그렇지 않다는 주장도 만만치 않다. 권오설이 신문을 받는 과정에서 관련자의 범위를 좁히려고 노력한 의도에서 일부러 거짓으로 말했을 수도 있다는 논리이다. 왜냐하면 이와 다른 기록들도 전해지기 때문이다. 예를 들자면, 상하이에 망명한 조선공산당 중앙집행위원 구연흠이 "당과 공청이 6·10만세운동을 지도했다."고 말한 사실도 전해진다. 이는 곧 조선공산당 중앙집행위원회가 6·10만세운동을 지도할 6·10투쟁특별위원회를 조직하고, 그 책임자 직위에 당 중앙집행위원이자 고려공산청년회 책임비서인 권오설을 선임했다는 사실을 뜻한다.[79] 그러므로 당시 이들은 국장國葬을 사회주의운동 선전을 위한 절호의 기회로 포착

---

78) 당시 참석자는 강달영·이봉수·홍남표·전정관·권오설·김철수·이준태 7명이었다(「피의자 신문조서(12회)」, 서대문형무소, 1926년 11월 16일).

79) 구연흠, 「조선공산당과 고려공산청년회 대옥기」, 梶村秀樹·姜德相 共編, 『現代史資料』 29, 425쪽; 이석태 편, 『사회과학대사전』, 486쪽.

하고 있었다는 것이다. 또 사회주의운동이 대중에 뿌리를 내리기 위해서 민족운동의 선봉에 서야 한다는 그들의 의도도 헤아릴 수 있다.[80]

이러한 두 가지 견해를 살펴보면, 결국 6·10만세운동 결정에는 이준태와 권오설의 책임이 컸음을 알 수 있다. 권오설의 책임 아래 추진하라는 명령이 전달된 것과 당시 책임비서인 강달영이 지방으로 출장가서 서울에 없어 결정권자가 이준태였던 상황이 그러하다. 더구나 1926년 5월에 당대당 통합 논의과정에서 강달영이 서울파를 넣으려 하였으나 이준태와 권오설이 반대함으로써 뜻을 이루지 못한 뒤로, 김단야·김찬과 강달영의 관계는 그리 매끄럽지 못했다. 이런 상황을 헤아려본다면, 비록 판결문 내용에는 없지만, 6·10만세운동이 이준태의 결정과 권오설의 실행으로 이루어진 것으로 풀이하는 것이 옳을 것이다.

게다가 안동출신 학생들인 류면희柳冕熙와 이선호李先鎬, 특히 권오설의 집안 동생들인 권오상과 권오운權五雲(권오상의 사촌) 등이 실제 활동과정에서 주역을 담당했던 것은 헤아려 볼 필요가 있는 부분이다.

---

80) 지중세, 『조선사상범검거실화집』, 돌베개, 1984, 40쪽.

이선호

류면희

권오상

권오운

15. 6·10만세운동으로 체포되다

6·10만세운동이 준비되던 가운데 권오설이 6월 7일 경기도 경찰부에 붙잡혔고, 이와 관련하여 이준태도 일단 검거되었다. 그렇지만 아무런 혐의점이 드러나지 않은 이준태는 6월 13일에 풀려났다. 그러나 그것이 오래가지 않았다. 8일 뒤인 21일 오후, 그는 종로경찰서에 다시 붙잡혔는데, 신문 기사도 이것이 권오설과 관계가 있을 것이라고 추측하였다.[81] 당시 종로경찰서는 화신백화점 건너편 신신백화점 자리에 있었는데, 현재의 제일은행 빌딩 자리가 그곳이다. 종로경찰서는 1915년에 장안빌딩(YMCA 근처)에 있다가, 1926년에 화신백화점 건너 신신백화점 자리, 즉 현재의 제

---

81) ≪조선일보≫ 1926년 6월 22일자. 이준태가 검거된 21일에 신흥청년동맹위원 金昌俊, 여자청년동맹위원 趙元淑, 그리고 간도에서 입국한 李秀燁(본명 金之澤) 등 3명도 체포되었다.

종로경찰서 자리 및 위치

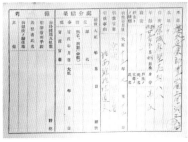

1926년 6월 종로경찰서에 구속되어 작성된 이준태「신원카드」

일은행 빌딩 자리로 옮겼다. 그리고 1948년(혹은 일제 말기) 태화관 자리로 이동했다가, 1957년에 다시 경운동 지금의 자리로 이동하였다.

일제 경찰에 붙잡힌 지 만 9개월이 지난 1927년 3월 31일 경성지방법원에서 이준태를 비롯한 103명에 대한 예심결정이 있었다. '치안유지법 위반'이라는 죄명으로 기나긴 공판이 다음 해까지 이어졌다. 그 가운데 쉽사리 볼 수 없는 사건이 발생하였다. 이준태와 권오설 등 5명의 피고인이 '폭행능학독직죄暴行陵虐瀆職罪'라는 이름을 내걸고 일제 경찰을 고소한 것이다.[82] 고소한 죄명에서 이들이 당한 고통을 알 수 있다. 일제 경찰이 이들을 두들겨 패고(폭행), 수치심을 주면서 학대하고(능학), 직권을 남용(독직)하였던 것이다. 그러자 이들은 고문에 맞서 싸우기 위해 일제 경찰을 고소하고 나섰다. 일제법에 따라 일제 경찰을 고소한 것이니, 이것도 옥중에서 벌일 수 있는 매우 강한 투쟁방법 가운데 하나였다.

조선공산당과 6·10만세운동에 관한 공판이 1927년 9월 13일 이래 48회나 진행되었다. 그 결과, 이준태는 5년 구형에 4년형으로, 김재봉과 강달영은 7년 구형에 6년형, 권오설 7년 구형에 5년형이 각각 언도되었다. 이준태는 1928년 2월 14일자로 서대문형무소 기결감방에 입소하고, 2월

---

82) ≪동아일보≫ 1927년 10월 17일자.

서대문형무소

17일에 사진을 촬영하였다.[83] 기결수로서의 옥살이가 새로 시작된 것이다. 그가 일제 경찰에 잡혀 고생하고, 또 서대문형무소에서 옥고를 치르던 시절을 보여주는 사진 자료가 2점 남아 있다. 하나는 종로경찰서에 체포된 뒤에 작성된 것으로 한복을 입고 정상적인 머리카락을 가진, 미결상태의 것이고, 다른 하나는 죄수복에 머리카락을 자른 기결수의 모습이다.

이준태의 옥중생활을 보여주는 자료는 거의 남아 있지 않다. 겨우 한

---

83) 「신원카드」 참조.

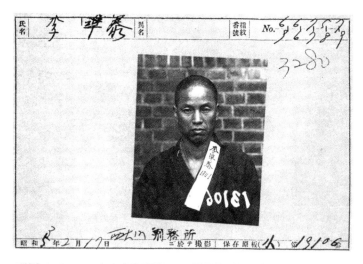

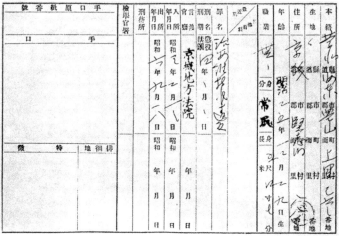

이준태의 「신원카드」

가지 전하는 것이 ≪별건곤別乾坤≫32호에 옥고를 치르는 여러 인물을 다룬「옥중소식獄中消息」이다. 여기에 그의 옥중생활은 다음과 같이 간단하게 적혀 있다.

> 평소에도 침묵과언沈黙寡言한 그는 재감중在監中에도 역시일양亦是一樣인 까닭에 누구와 무슨 이야기하는 일도 별로 없다고 한다. 독서도 별로 하는 것이 없고 일은 예의 그물뜨기라는데, 형기 5년에 미결기 6개월 통산을 하고 사사賜(사면; 필자주)까지 먹고 보니 출감기는 명년 5월 중순경인 듯.[84]

이 글은 평소 말 없던 그의 성품을 전해주고 있다. 그저 그물을 뜨면서 말없이 세월을 엮어 가고 있던 그의 모습이 눈에 선하다. 1929년 3월 6일 그는 모친상을 당했다. 바로 이 서대문형무소에서 옥고를 치르던 그 시기였으니, 비감한 그의 심정을 짐작할 만하다.

---

84) ≪별건곤≫ 32호, 1930년 9월호.

16. 출옥과 귀향

그의 출소 예정일에 대한 기록들은 약간의 잘못이 보인다. 신원카드
에는 1931년 9월 18일로 예정된 것이라 적혀있고, 앞에서 본 「옥중소식」
에서는 명년 5월, 즉 1931년 5월로 내다보았다. 하지만 그는 이보다 10개
월 20일 정도 빠른 1930년 10월 28일에 출소하였다. 이것은 얼마간 형이
줄어들었기 때문일 것이지만, 그가 붙잡혀 들어간 때가 1926년 6월이므
로, 실제로 따지자면 만 4년 4개월 동안 갇혀 지낸 것이다.

서대문형무소를 출감한 뒤 그는 인사동의 낙세여관樂世旅館에 투숙
하다가,[85] 열흘 뒤인 11월 8일 예천을 거쳐 고향으로 돌아왔다.[86] 안동의

---

85) 《조선일보》 1930년 10월 29일자.
86) 《조선일보》 1930년 11월 13일자.

풍산 고향마을 우렁골로 돌아온 뒤 그는 조용한 생활을 보냈다. 일제 경찰의 감시가 심한 것은 말할 필요도 없다. 나들이조차 자유롭지 못한 상황이었으므로 그는 침잠하는 자세로 지냈다.

이준태는 1940년 무렵 풍산소작인회 회관 맞은편에서 동쪽, 즉 안동 방향으로 20m 정도 떨어진 길 가 기와집에 동일상회東一商會라는 잡화 가게를 열었다. 안동에서 '東'이라는 글자를 썼다면, '一'은 그의 호 일강 一岡이나 일봉一烽에서 따왔으리라 짐작된다. 정확하게 언제 경영에 나섰는지 알 수 없으나, 이 고장 집안사람들의 증언에 따르면 일단 1940년 전후가 될 것이라고 한다.

안동 풍산읍내에서 그리 멀지 않은 곳에 살던 경성공업전습소 동문이요, 혁명동지인 김재봉이 더러 장터로 나와 이준태를 만났다. 그러던 모습의 한 자락이 김재봉의 맏손자 김윤金潤의 증언을 통해 전해진다.

내가 상경하기 바로 전(1942년경)에 할아버지 손잡고 풍산시장에 나왔는데, 할아버지께서 어떤 가게에 들러 어른께 '이준태 선생님'이라면서 인사를 시켰다. 그 당시 가게는 지물포로 기억된다.[87]

---

87) 김윤(김재봉 후손) 증언.

동일상회 자리 현재 모습

1944년에 김재봉이 작고하였으니, 바로 두 해 전에 김윤이 할아버지 손에 이끌려 이준태에게 인사한 대목이다.[88]

동일상회가 취급한 물품이 오로지 지물, 종이류만 전문으로 삼는 가게였는지는 확실하지 않다. 왜냐하면 집안 후손들이 해방 무렵에는 어물과 석유같은 물품도 취급하였다고 전해주기 때문이다.[89] 처음에는 지물포였다가 다양한 상품을 다루는 가게로 바뀌었거나, 아예 처음부터 잡화점으로 출발하였을 두 가지 가능성이 모두 있다고 생각된다.

---

88) 『김철수 자료집』에 김효명이란 인물이 김재봉의 아들로 자신을 드러내고 있다. 김효명이 1947년
   생이라는데, 김재봉은 이미 1944년에 작고하였으니 앞뒤가 맞지 않다. 더구나 안동 풍산의 오미동
   에 김재봉의 생가가 있고, 그를 잇는 종손이 묘소를 안동에 모시고 있으며, 제적등본이나 족보를
   모두 갖추고 있다. 안동과는 아무런 관계가 없는 김효명이란 인물이 김재봉의 아들로 자임하고 나
   선 이유를 헤아리기 힘들다.
89) 집안 조카 이동직·이용직, 손자 이헌봉 등.

17. 해방 후 그의 길과 남은 가족들

해방의 소식은 이준태에게도 새로운 삶을 가져왔다. 그는 해방 직후 셋째 아들에게 동일상회를 맡기고 서울로 거처를 옮겼다. 둘째 이해직과 셋째 이경직이 1946년 8월 풍산면 안교동安郊洞 56번지와 56-3번지로 분적分籍했다는 기록을 보면, 이 무렵에 동일상회를 넘기고 정리한 것이 아닌가 여겨진다.

그때 집안에는 이준태가 '도지사에 발령난다'는 소문이 돌았고, 그 대신에 우렁골 강변의 모래밭을 받았다는 이야기가 돌고 있었던 모양이다. 여기에 덧붙여 이준태의 맏손자(이헌붕)는 "할아버지(이준태)보다 더 높은 분이 감애에 계신다고 할머니(이준태 부인)가 말씀하셨다."라는 이야기를 전해준다. 여기에 등장하는 '감애의 어른'은 의열투쟁사를 장식한

각심재 전경과 각심재

김시현金始顯일 것이고, 이 무렵 이들 사이에 서로 내왕이 있었을 것이라 짐작된다.

그런데 그가 서울에서 구체적으로 무슨 일을 맡았는지 알 길이 없다. 다만 그는 당시에 '각심절(각심사恪心寺가 있던 곳)의 안골'이라 불리던 경기도 양주군 노회면 월계리 755번지(현재 서울시 노원구 월계동)에 머물렀다고만 알려질 뿐이다. 현재 이곳에는 각심재恪心齋라는 예안 이씨 문중 재사가 들어섰지만, 5만평이 넘는 문중 산소도 아직 남아 있다.[90]

당시 그의 삶을 말해주는 인물이 생존하고 있다. 해방되던 1945년 경신중학교 1학년이던 박청산朴靑山이 그 주인공이다.[91] 그는 예안 이씨 문중 묘소와 재실을 7대째 지켜 내려온 후손인데, 이준태가 재실에서 지내게 되면서 그를 가까이에서 모시게 되었다. 당시 재실에는 산소 아래에 기와집인 안채가 있고, 초가인 행랑채가 있었다. 박청산의 부모는 행랑채에 기거하고, 이준태는 안채에서 지냈다. 그런데 박청산은 매일 이준

---

90) 현재의 재실 각심재는 1994년 경운동에 있던 한옥을 옮겨와 간판을 붙인 것이다. 본래에는 안채와 행랑채 두 건물만 있었다. 안채는 1년에 두 번 제사드릴 때 손님들이 사용하였고, 묘를 지키던 부부는 행랑채에 거주하였다. 안채의 규모는 마루 2칸 반, 방 1칸 반 2개, 1칸 부엌 등 모두 7칸 정도였다.

91) 1932년생, 서울시 노원구 월계동 대우아파트 거주(2003년 4월 5일에 이준태의 딸 이영직, 손자 이현봉과 함께 방문하여 면담).

태와 같은 방에서 잠을 잤고, 잔심부름을 하였다. 박청산의 아버지(박대성 朴大成)는 이준태를 안동어른, 자신은 그냥 할아버지라고 불렀다고 한다.

박청산이 본 그의 성품은 엄숙하고 점잖은 선비였다. 단 한 번도 술 취한 모습을 보인 적이 없었고, 마을 사람들 모두가 그를 존경하였으며, 행여나 동네사람들이 풀지 못하는 문제가 생기면 모아 두었다가 가르침 을 받아 해결하곤 했다고 한다.

이준태는 매일 서울 시내로 나들이하였다. 미아리 삼거리까지 '시오 리'(6km)를 걸어 나가서 의정부나 우이동에서 오는 버스를 타고 시내로 다녔다. 걸음걸이가 무척 빨랐고, 늘 서류가방을 들고 다녔으며, 신문을 꼭 가져왔다. 방문객은 별로 없고, 경찰관도 방문하지 않았다.

마을 사람들은 그를 단순히 문중 대표자가 방문하고 있다는 정도로 알고 지냈다고 한다.[92] 집안에서는 둘째 아들이 간혹 와서 양식 값을 주 고 갔고, 이회승이 가장 많이 방문한 사람이었다. 또 박청산이 기억하는 인물로 이용만이 있다. 이용만이 무엇인가 탄로나서 지게를 지고 피신해 온 적이 있었지만, 하루 밤 자고 떠났다. 박청산은 이용만이 북으로 간 것으로 짐작하였다.

서울에서 지내던 이준태가 다시 고향으로 향한 것은 1950년 6월 전

---

92) 땅의 소유자는 이준태를 포함하여 "이준학 외 5인"으로 기록되어 있다고 한다.

쟁이 일어난 직후였다. 국군이 안동에서 낙동강 남쪽으로 철수한 때가 1950년 8월 1일이고, 서울 수복 직후 다시 북상한 시기를 따졌을 때, 인민군이 안동을 장악한 기간은 겨우 한 달 20일 정도였다. 그러므로 이준태가 고향에 얼굴을 드러낸 때도 그 무렵일 것이다.[93]

그는 국군의 북진을 따라 북상길에 올랐다. 9월 어느 날, 그는 자신의 집 뒤편 툇마루에 앉아 며느리 정정숙鄭貞淑이 마련한 인절미 한 접시를 먹고 맏손자의 손을 잡고 길을 나섰다. 그 길이 마지막이었다. 전하기로는 경북 산악지대를 지나는 중에 공습으로 사망했다고 한다.

이준태의 최후를 알 길이 없다. 마을에서는 그가 북으로 갔다는 말이 떠돌기도 했지만, 그가 월북한 것으로 보이지는 않는다. 이준태는 박헌영과 같은 위상에 있던 인물이다. 따라서 만약 그가 북한으로 갔다면 마땅히 평양거리에 등장해야 한다. 하지만 북한의 그 어느 곳이나 어느 자료에도 그의 존재가 나타나지 않는다. 그렇다면 일단 그가 월북한 것은 아니라고 판단된다. 그렇다면 그가 집을 나서서 북상하였다는 말은 무엇일까? 그가 늘 머물던 문중 재사인 각심재로 향했을 가능성이 크다. 전해지는 말처럼 경북의 산악지대, 곧 소백산맥을 넘어가던 어디쯤에서 공습

---

93) 박청산의 부모는 전쟁 동안 이준태의 집에서 피난살이를 했다. 그 동안 박청산의 아버지는 좌익분자를 숨겨준 사람이라는 이유로 풍산지서에 잡혀가 3일 동안 고초를 치르기도 하였다(박청산 증언).

을 받아 사망한 것으로 짐작된다.

이후 그의 가족들은 갖은 고초를 당했다. 이준태의 아내는 파출소에 불려가 취조를 받아야 했다. 맏아들 이춘직(완이)은 전쟁 막바지였던 1953년 1월 10일 집에서 동쪽 고개 너머 마을인 수동쪽에서 우파세력에 의해 총살되었다. 시신을 전해 받은 이준태의 아내는 손가락을 깨물어 피를 입에 흘려 넣기도 했지만 효과가 없었다. 둘째 아들 이해직은 서울에서 살다가 전쟁으로 남하하던 중 한강 다리 폭파로 몰사한 것으로 전해진다. 동일상회를 경영하던 셋째 아들 이경직은 김석암이란 인물이 신고하는 바람에 곤욕을 치른 뒤 가게를 잃고서는 집을 나갔다. 그래서 이경직의 처였던 이준태의 셋째 며느리는 파출소에서 손가락 사이에 펜을 끼워 밟히는 고통도 치러야 했다. 암울한 날들이 아닐 수 없었다. 그런 괴로움과 아픔을 견디면서 살던 며느리와 손자는 결국 1974년 이준태가 1959년에 사망한 것으로 신고하였다. 생사를 확인해야 하는 미련이 없을 수 없지만, 그가 실종된 것을 사망한 것으로 받아들인 것이다.

이준태 부인과 맏며느리, 그리고 손녀(1960년대 집 마당에서)

18. 마무리

　양반 가문에서 태어났지만 그의 집은 가난하였다. 그래서 일찍이 측량학교를 다닌 그는 서울로 상경하여 경성공업전습소를 졸업한 뒤에도 측량기사로 토지조사사업에 참가하였다. 결국 조선총독부의 사업에 참여한 것이다. 토지조사사업이 마무리되면서 그 자리를 잃게 된 그는 3·1운동을 겪으면서 민족문제에 눈을 뜬 것 같다.

　그의 활동은 1920년대에 집중되었다. 1930년에 출옥한 뒤로는 일제의 감시를 받았고, 1940년 무렵부터 고향에서 동일상회라는 잡화점을 운영하면서 조용하게 세월을 보냈다. 그래서 일단 1920년대에 보여준 그의 활동만을 정리하면서 이 글을 마무리한다.

　첫째, 그의 민족운동은 대한민국 임시정부를 지원하기 위한 자금모집에서 시작되었다. '조선독립단사건'이 바로 그것이다. 둘째, 전위운동으로 나타난 그의 활동이다. 맨 먼저 그는 문화운동을 벌였는데, 활동의 핵심은 농촌에 대한 계몽강연이었다. 신문에 글을 기고하여 청년학생들로 하여금 농촌계몽운동에 뛰어들 것을 요구하고, 그도 또한 농촌강연에 나섰던 것으로 이해된다. 또 그는 크게 분류하면, 화요계 인물로서 무산자동지회(무산자동맹회)·신사상연구회·화요회·화성회 등에 참가하고, 제1차 조선공산당에 들었으며, 제2차 조선공산당 결성의 주역이었다. 셋째, 대중운동 가운데 노동운동 분야에서 그는 먼저 서울에서 조선노동연맹회와 조선노농총동맹으로 이어지는 노동운동에 참가하였고, 특히 경성고무공장 여공파업을 지원하였다. 또 그는 농민운동으로 풍산소작인회를 결성하고, 특히 양반 중소지주층이 주역으로 대거 참가하도록 만들어 민족운동으로 이끌었다. 또 형평운동에 참가한 점도 그러한 차원에서 이해할 수 있다.

이준태의 활동에서 드러나는 특징은 두 가지이다. 하나는 한국사회주의운동사에서 안동출신이 서울에서 핵심부에 자리 잡을 수 있는 터전을 마련했다는 점이다. 김재봉·권오설·김남수의 사례를 통해 알 수 있다. 김재봉이 러시아에서 귀국하였을 때, 이준태가 확보해 둔 터전을 바탕으로 주도권을 장악할 수 있었고, 조선노동공제회 안동지회 김남수를 그 터전에 연결시키거나, 풍산소작인회를 결성하여 권오설을 서울의 조선노농총동맹 중앙집행위원으로 상류시킨 것도 그러한 차원에서 평가할 수 있다. 이러한 활동을 바탕으로 조선공산당 제1차당과 제2차 당의 주도권을 안동출신들이 장악한 것이다.

다른 하나는 안동의 사회주의운동을 총괄적으로 지도해 나간 점이다. 풍산소작인회 운영에 진력한 점은 안동만이 아니라 경북 북부지역 전체의 농민운동에 크게 영향을 미쳤다. 또한 화성회는 화요회 안동지회의 성격을 지닌 것으로, 이를 결성한 것은 안동지역 사회주의운동의 총지휘부를 만들었다는 사실을 말해준다. 그래서 안동의 정신적 대표기관이라고 할 수 있는 도산서원에 대하여 철폐운동까지 이끌어낼 수 있었던 것이다.

이준태는 1920년대에 서울과 안동에서 노농운동과 사회주의운동을 이끌어 나간 대표적인 인물이다. 그가 펼친 농민운동과 노동운동은 이념운동에만 그치지 않고, 민족운동의 차원에서 펼쳐진 것이다. 풍산소작인회를 이끌었다고 해서 그가 소작인으로서 소작투쟁을 벌인 것으로 이해해서는 안 된다. 이것은 민족운동의 바탕이 되는 농민운동을 전개한 것이었고, 노동운동도 그와 마찬가지로 봐야 한다. 더러 계급투쟁을 최고의 목표로 삼은 표현도 없진 않지만, 결코 계급혁명 지상주의나 국제주의 노선을 선택하지 않았다. 그의 활동은 전반적으로 보면 일제 타도라는 항일투쟁의 노선 위에 서 있었다고 평가된다.

:: 찾아보기

ㅈ

ㅊ

이준태의 삶,
민족해방의 길

초판 1쇄 인쇄일	2015년 2월 24일
초판 1쇄 발행일	2015년 2월 25일

지은이	김희곤
펴낸이	정구형
편집장	김효은
편집/디자인	김진솔 우정민 박재원
마케팅	정찬용 정진이
영업관리	한선희 이선건
책임편집	김진솔
표지디자인	박재원
인쇄처	경성문화사
펴낸곳	**국학자료원**

등록일 2005 03 15 제25100-2005-000008호
서울시 강동구 성안로 13 (성내동, 현영빌딩 2층)
Tel 442-4623 Fax 442-4625
www.kookhak.co.kr
kookhak2001@hanmail.net

ISBN	979-11-954640-1-2 *93900
가격	11,000원